教师团队的
追梦之旅

韩高波　刘玉梅　韩玉霞◎　著

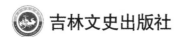

吉林文史出版社

图书在版编目（CIP）数据

教师团队的追梦之旅 / 韩高波，刘玉梅，韩玉霞著
. — 长春：吉林文史出版社，2020.12
ISBN 978-7-5472-7502-3

Ⅰ.①教… Ⅱ.①韩… ②刘… ③韩… Ⅲ.①小学—
学校管理 Ⅳ.①G627

中国版本图书馆CIP数据核字（2020）第237862号

教师团队的追梦之旅
JIAOSHI TUANDUI DE ZHUIMENG ZHILU

著 作 者：韩高波　刘玉梅　韩玉霞
责任编辑：程　明
封面设计：言之凿
出版发行：吉林文史出版社有限责任公司
电　话：0431-81629369
地　址：长春市福祉大路5788号
邮　编：130117
网　址：www.jlws.com.cn
印　刷：北京政采印刷服务有限公司
开　本：170mm×240mm　1/16
印　张：15.5
字　数：279千字
版印次：2022年6月第1版　2022年6月第1次印刷
书　号：ISBN 978-7-5472-7502-3
定　价：68.00元

读圣贤书　做国家事

　　地处孔孟之乡的寿光市，虽是一个县级城市，却历来有重教兴学之风。该市是"三圣之城"（文圣仓颉、农圣贾思勰、盐圣夙沙氏），厚重的历史文化孕育了一批批有思想、有作为的校长，寿光市圣城小学韩高波校长就是其中的一朵绽放着的鲜亮、姿态独特的花朵。

　　我与寿光市圣城小学结缘，起于该校韩高波校长入选山东省第三期"齐鲁名校长"建设工程人选，在听了他对学校办学情况的介绍后，我对他一直所从事的圣贤教育产生了浓厚兴趣。在与他的交谈中，他讲得最多的是关于学生、老师、家长和课程课堂的故事。

　　事为史，史即事。教育故事是学校最好的发展印记。有故事的校长一定是用心做教育的校长，也一定是有教育情怀和教育梦想的校长。小故事中往往蕴含着大道理。当收到《教师团队的追梦之旅》书稿时，我便迫不及待地走进一个个鲜活的教育故事中，重新审视这位有教育故事的校长。这是一本引人入胜且内容丰富的著作，其中故事精妙绝伦、论点新颖独到、涉猎广泛全面。"志足而言文，情信而辞巧"，书中的近60个教育故事，映射着圣城教育人志存高远、特立独行的风气，勇于挑战并以此为乐的智慧，赋予了教育更深厚的热情和温度，用理性和思考去寻找点点滴滴教育生活的不寻常。

　　以智育人，以智启人。韩高波校长所做的，正是我们所追求的真教育、好教育的成功范式。从值得琢磨、值得品味的故事中，隐隐地看到他的治校理念、治校方略，犹如叶脉若隐若现，不突兀、不造作，更多的是隐藏在师生的背后，默默地用心做细做实，这样的教育智慧才是"润物细无声"，也才能让每个人从中得到感化、教化。

　　这本书是教育实践、教育故事与用心研究的有机结合，韩高波校长用朴实的语言、真挚的情感，记录了在圣城小学任职以来的所做、所思、所悟，是全体教职员工在日常工作中与孩子们共同谱写的动人篇章，是不满足于做一名出色的教书匠，而是深入教学实践第一线，对平凡校园的点滴小事的"草根研究"，且有说服力、有研究价值。学术研究的骨髓是对生命的尊重与敬畏，因果关联性、逻辑一致性和可重复性，在这些故事中已变得次要，更重要的是专业人士和普通读者，都能从中感受到教育的意志、情感和生命，感受韩高波校长所带领的教师团队精神丰富与过程成长的生命之旅，这样的研究才更符合人性。故然读罢，我一直为书中的故事情景所感动着，我甚至认为我长途跋涉苦苦寻找的人生真谛一直在我身边。

"读圣贤书，做国家事"的教育信仰只有在实践中才能走向感性、散发温度，也才能发挥出理念的力量。恰如高尔基所言："世界上一切美好的事物都是劳动创造出来的。"祝愿韩高波校长在圣贤教育路上继续做一个"有故事、有温度、有风景"的校长，因为他的教育世界里不仅有"我"，更有"我们"。

行者无疆。

是为序！

于维涛

国家教育行政学院培训部主任

教育部中小学校（幼儿园）长国培计划管理办公室中心副主任

2020年6月

弄潮儿涛头立

一个优秀的人，必定有独立思考的自觉和能力，而且有独到见解并有独创行为——韩高波就是这样的人；一个优秀的校长，必能筚路蓝缕，且思且行，带领团队踏上一程追梦之旅，助推学校攀上一个又一个高峰——韩高波就是这样的校长。

2020年新年伊始，学校停课，学生停学。破天荒，"居家学习"成为唯一选项。此举虽顿解燃眉之急，但也因其面对前所未有的挑战激起诸多不适、冲突、焦虑、无奈，甚至悲剧——轻者，学生责骂教师，家长投诉、拉黑老师；重者，孩子、家长出现极端行为。究其原因，不在一时一事，而在积重难返。

想想看，时至今日，我们仍有多少老师视学生为容器，硬讲、强灌，致使学生学无兴趣、学无自主、学无能力。一旦离开学校老师的督促监管、耳提面命，学生则无心、无能、无力学习，加之家庭亦不给力，"居家学习"的效果可想而知，而悲剧的发生也就不足为奇了。由此回看韩高波校长"让学生成为学习的主人，才能激发学生学习的内在兴趣"的观点，的确难能可贵。

早在2015年，韩校长就领衔承担了"学本课堂创建"这一国家课改实验项目，带领他的团队"全员全科全时"地推进"学本课堂"教学改革。他们把教室改为学堂，桌椅由"秧田式"变成了"围坐式"；他们将教学由"教本"转变为"学本"，学生由个人学习变为小组互学，让一个个"小不点儿"站到黑板前展示、讲解……从此，以教师讲授为中心的课堂变成了以学习者学习为中心的课堂。一年的改变，收获满满，在全市小学组织的各学科学生综合素养展示中均获佳绩。

诚如韩校长自己所说，学校的使命是为学生的成长提供机会，学校就必须为学生的成长提供各种舞台，让学生始终站在学校的中央，学校的舞台是学生成长的起点。

清瘦干练、不苟言笑的韩高波是陶行知先生的拥趸，自然也是生活教育的践行者。

有个班的孩子决定在实践园里种萝卜。于是，每个孩子都领到了几颗"希望的种子"。看着萝卜苗一天天长高，小萝卜一天天长大，孩子们兴奋异常。老师们因势利导，一个奇特的"萝卜课程"诞生了。学生们上网搜集萝卜的资料，在音乐课上唱《拔萝卜》的歌曲，在美术课上画各式各样的"萝卜"，在综合实践活动课上研讨、展示他们的学习成果，最后，把萝卜卖到学校食堂，用赚到的钱买些种子，明年继续种萝卜，剩余的钱则用来帮助家庭生活困难的学生。

在校内，韩高波创行了"全息课程体系"。横向看，"全"是注重全面发展；纵向看，"全"是看重个体完全、生命完整的发展。"萝卜课程"就是这样一个超学科整合的长线主题全息课程。这不是权宜之计，而是自我学习、终身学习。

网络学习呈现出的学生因自学态度和自学能力的缺失所导致的问题，更加凸显出"只有让学生真正参与到教育中，在教育中实现自我成长"。而且，借此次网络学习，让学生获得一次难得的关注社会、思考社会、认识社会的契机，领受一次难得的生命教育，更是教育的应有之义。而这，不能靠临时抱佛脚，而应在日常的教育教学中贯穿始终。显然，面对孩子的教育，特别是非常时期的教育，韩高波又一次走在了前面。

众所周知，孩子的教育来自三个方面：学校教育、社会教育、家庭教育。如果把孩子比作果实，那么社会教育就是叶，学校教育好比枝，家庭教育则是树干，而父母是孩子成长的根。此番"居家学习"，更是凸显出家庭及家庭教育的决定性作用，这也让许多不谙家庭教育的家庭不知所措，以致贻误了孩子的学习。

对此，韩校长早就有着清醒的认识："'教育是一个系统工程'，家庭与学校是孩子健康成长过程中不可或缺的主体，构建和谐家校关系，形成合作共育的格局，才能保障孩子健康成长。"为此，他做了大量富有创意且卓有成效的工作。

请翻开这本书，听韩校长为你娓娓道来——他的思考、他和他的团队的故事。

苏霍姆林斯基说："最好的教育，就是学生进行自我教育。每个人都是独立的个体，生命力的唤醒需要外界的因素引导，更需要内在的驱动力。"学生是受教育者，更应该是自我教育者。教师的价值在于，帮助他们在成长道路中找准目标和方向，辅助他们自由、自主、自为、自立、自信地去追逐自己的梦想——这也是我们每一个教育工作者的梦想之旅。

是为序。

陈为友

《山东教育》主编

2020年6月

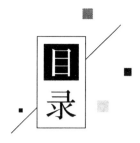

目录

第一篇 团队协商成就好学校

第二篇 让学生站在学校中央

第五篇　追寻完美的教师团队

第六篇　家校故事背后的思考

团队协商成就好学校

1

"同心山成玉，协力土变金。"心在一起才叫团队，劲往一处使才能做大做强。

"没有完美的个人，却有完美的团队。"只有靠团队中每一个人完美的工作态度、炽热的工作激情，才能造就一种神奇的力量，从而使我们的工作从优秀走向卓越。

昏暗灯光下的一抹亮光

著名教育家陶行知说："校长是一所学校的灵魂，校长要善于学习，明确学校的办学理念，学校才有勃勃生机和活力。"校长的角色定位决定了校长必须是终身学习的典范。俗话说，"学习是进步的阶梯"，只有不断学习，深入思考，从中汲取先进的教育理念，并运用到实际工作中，才能高效地开展工作。也只有这样才能去掉浮躁，才能使自己的头脑保持清醒，才能带领教师团队更好地发展学校。

"引路靠贵人，走路靠自己，成长靠学习，成就靠团队，"这是我学习与工作的切实感受。

我一直怀着一颗感恩的心工作着，在自己"没有任何想法"且丝毫不知情的状况下，于2015年9月29日来到寿光市圣城小学任职，过后才深深懂得这是领导们对我的信任与厚爱。

面对建校35年的市属公办小学，如何带领教师团队在传承的基础上创新发展？怎样才能把学校办成学生喜欢、家长和社会满意的家门口的好学校？怎样才能引领学校成为省市知名的品牌学校？学校的发展之路到底应怎样走？我感到迷茫与困惑，明知路就在前方，可总觉得眼前萦绕着一团浓雾。我曾咨询过几个身为校长的朋友，他们给了一些好的建议，但最后总说"关键是看你，走路靠自己！"

10月中旬，带着困惑与思索，我邀请了市教科研中心的杨振华主任，与李政校长、徐翔主任、邵学刚主任坐上南下的动车，到江苏昆山前景学校参加"全国不同风格与流派课改名家论坛"。我深知，学校要发展，要成为品牌学校，就必须要改变。如何才能改变？我们急切地寻求破解的路径，而改变、成长的捷径就是学习。我们这次的学习之旅，既开阔了视野，又提升了理念。我们看到了最前沿的课堂改革典范，听到了最先进的课改理念，观摩了先进学校的特色课程，接触到了国内的教育名家。自己眼前的迷雾渐渐淡去，看来真是应验了"成长要靠学习"这句话。

那次昆山前景学校之行，收获的不仅是理念的提升、视野的开阔，更重要的是我们团队经过两个晚上的研讨，确定了学校未来几年发展的顶层设计。

在飞驰的动车上，我把自己的困惑说与杨振华主任听，并与同行的几位说道："我们这次外出，除了学习之外，还有一件很重要的事情要做，那就是利用会议间隙，研讨一下学校的发展思路，想一想我们应从哪些方面进行创新突破。"

白天，我们聆听专家报告，观摩会议现场。晚上，我们就聚在酒店房间昏暗的灯光下，进行研讨与交流。

"我觉得应找到学校未来发展最顶层的东西，用它来统领，所有的工作都围绕这个顶层设计来展开，并且坚持不懈地做下去，方能成就学校。"

"我认为应把学校的文化、德育、课程、课堂等方面找几个点，然后用一个方式穿起来，这样就会形成学校发展的顶层设计。"

"我们寿光被称为圣城，学校又叫圣城小学，我觉得咱们应围绕圣字来做文章。"

"对，这个想法好，我们学校还紧邻仓圣公园，公园里有丰富的课程资源，这些我们都可以利用，形成学校的课程体系。"

"我们学校一直在做全息活动，师生们都觉得很好，能提升学生的素质，我觉得需要传承与发展。"

"我们学校是中国教科院的学本课堂实验学校，我们这次来看到的几所全国名校都是做合作学习的课堂，我们就坚持做好学本课堂，我觉得学本课堂的实施与推进会改变或者成就学校。"

……

连续两个晚上，我们都争论到近十二点，杨振华主任跟同行的同事们开玩笑地说："你们校长可真狠，让我来昆山时，说是来学习课改理念，我想边学习边放松一下。这下倒好，每天晚上12点都不让睡觉，幸好时间短，要是持续三五天的话，还不把我们给'毁'了。"

在昏暗的灯光下慢慢出现了一抹亮光，我觉得心中的迷雾渐渐散去，仿佛看到了远方。

在那个酒店的昏暗的灯光下，学本课堂、全息课程、圣贤教育这几个关键点基本确定。五年后再次回首，才发现我们一直沿着这条路走到今天，并且路越走越宽。

回校后几天之内，一个大大的楼层索引牌出现在每个楼层的楼梯口，上面写着孔孟之乡、三圣之城、圣贤教育、全息课程、学本课堂。时至今日这个索引牌仍在指引着学校的发展。

经过校务委员会商讨，征求全体教师的建议，学校发展的顶层设计框架形成了。在接下来的全体教师会上，我代表校务委员会，用演示文稿展示的方式，对学校的愿景进行了描绘：山东是孔孟之乡，自古以来就是礼仪之邦，孔子和孟子等古圣先贤的思想影响深远。寿光不仅是全国蔬菜之乡，还因有文圣仓颉、盐圣夙沙氏和农圣贾思勰，而称为"圣城"。我们紧邻仓圣公园，学校名称为"圣城小学"，因此我们就抓住这个"圣"字做文章，我们一起做"圣贤教育"。全息活动育人成效显著，我们的优势必须传承，并且要提升到课程的高度，我们构建"全息课程"体系。学校是中国教科院的学本课堂实验学校，我们必须以学本课堂作为学校改变的抓手，重点实施"学本课堂"。教师团队的心里也慢慢亮了起来。

一所学校的发展必须扎根地域文化。孔孟之乡、三圣之城是我们的地域文化，更是顶层设计的基点。圣贤教育、全息课程与学本课堂三者又有怎样的关联呢？我们团队又进行了充分的论证，论证的过程不仅是统一思想的过程，也是明晰发展方向的过程。

北京师范大学林崇德教授发布了《中国学生发展核心素养研究报告》，核心素养成为当前教育的热点。聚焦核心素养，一方面实施学本课堂，另一方面构建全息课程，双轨并进共同实现圣贤教育，也就是落实立德树人的根本任务。我们团队找到了顶层设计之间的逻辑关系。

我们团队是非常幸运的。聚焦学生发展的核心素养，我们积极实施学本课堂、构建全息课程、打造圣贤教育，把学校办成了一所家门口的好学校。2016年，学本课堂创建项目被列为潍坊市教育教学重大问题行动研究项目，获得了潍坊市教学成果奖，学校被评为寿光市特色学校；2017年，全息课程被列为潍坊市教育教学重大问题行动研究项目，获得潍坊市重大问题研究一等奖，学校被评为潍坊市中小学双改行动先进学校；2018年，圣贤教育被列为潍坊市教育教学重大问题行动研究项目，多次在全国性会议上作为典型推介；2019年4月18日，中国关心下一代工作委员会顾秀莲主任来校调研时称赞道："圣城小学的德育工作和美育工作做得很好，孩子们很棒，学校的做法值得学习和推广！"

昏暗灯光下的一抹亮光，让我们找到了突破口，让我们瞄准了发展方向。"圣城小学的孩子们身上有圣贤味儿"，市关工委王茂兴主任在很多场合这样评价。"看到这么多省内外的教育考察团来校学习，听到家长们对学校的由衷的赞扬，我们这些老同志从心里感到高兴，我们都盼着学校越办越好！"老校长徐洪业动情地说。

📖 **践谈**

"学而不思则罔，思而不学则殆"，学习、思考与践行是相互联系的过程，唯有学习，才能使我们的思想永不落伍；唯有不断地思考，才能使我们的学习有深度，审视事物有高度；而唯有积极参加教育的实践活动，才能使校长体现出自己应有的社会价值，焕发出我们生命的火花。所以，我们必须在学中思，在思中做，在做中学，不断调节自己的心态，苦中找乐，用坚定的教育理想，满怀激情地工作，主动去迎接布满荆棘、充满机遇的挑战，用心血和汗水去谱写自己教育的诗意人生。

统领与融合的核心

師语

习近平总书记在2018年全国教育大会上指出，加强党对教育工作的全面领导，是办好教育的根本保证。教育承载着传播知识、传播思想、传播真理，塑造灵魂、塑造生命、塑造新人的时代重任，对提高人民综合素质、促进人的全面发展、增强中华民族创新创造活力、实现中华民族伟大复兴具有决定性意义，突出党的全面领导显得尤为重要。

2015年10月，寿光市教育局为每一位校长配发了一套丛书《潍坊教育解密》。这对我来说，真像干涸的土地上来了一场酣畅淋漓的"及时雨"，我如饥似渴地阅读、学习和反思着。

那段时间，我晚上读到十一点，早上四点钟接着读。爱人不解地问："到底是什么书呀，对你就那么有用，你都快痴狂了知道不？"《潍坊九问——破解潍坊教育密码》《走在专家办学路上——校长职级制改革解读》《用课程改变教育——潍坊新课程改革解读》《教育服务新形态——教育惠民服务中心解读》《为教育前行保驾护航——教育督导制度创新解读》，我把这几本书一字不落地看完。

依法自主办学、校长职级制改革、课程课堂改革、教师聘任制改革……潍坊十几年来的每一项教育改革，都直指教育发展的热点难点问题。从制度上来破解发展的难题，真正体现了"改到深处是制度"。"管、办、评分离""四会一核心一章程"，这些名词在我的脑海中逐渐由模糊变得生动。

校长职级制改革，取消行政级别，让校长们静心做教育，科学认知孩子的成长规律，遵循教育规律办学，在提升校长专业化水平的同时，提升了学校的治理水平。要创办一所现代化的学校，就要构建好"四会一核心一章程"的完整治理体系，其中"一核心"的建设和作用发挥显得尤为重要。

"党政军民学，东西南北中，党是领导一切的"，加强党的领导是做好教育工作的根本保证，各级各类学校都要切实加强党建工作。作为一所小学，学校党组织的核心作用应如何发挥？怎样才能创新性做好学校的党建工作？作为校长、书记一肩挑的我怎样才能更好地履职尽责？这是需要我认真思考的关键问题。

2017年3月，我有幸参加了在上海复旦大学举办的教育系统党务干部培训班，这次培训班让我享受了一顿学校党建工作的精神大餐，引领我在大视野下看待学校的党建工作，拓宽了我的党建思维，让我牢固树立了"大党建"意识，把党建融入学校教育教学和立德树人的全过程，围绕教育教学中心来抓党建，抓好党建以促进学校发展，这也正是我们每一位党务干部需要提升的素养。

复旦大学的党务干部培训班，我的体会可以用两个关键词来概括，那就是统领与融合。从那以后，圣城小学党支部的核心作用发挥一直围绕着这两个关键词来展开。

一、学校党建要统领立德树人工作

党的十八大指出：立德树人是教育的根本任务。抓党建工作，最重要的是抓思想政治工作，也就是要统领教师团队的师德建设和学生的德育工作，把师德建设和德育工作做了了，也就完成了立德树人的根本任务。

我们党支部创新实施了"三红工程"即：红色堡垒、红烛先锋、红心向党。我们充分发挥党支部的"红色堡垒"作用，利用"三会一课"和主题党日，提升全体党员意识形态领域的警惕性，强化党员教师的师德修养，锻造出一支政治站位好、师德修养好、爱岗敬业、爱生如子的党员教师团队。在文明城市创建、抗洪救灾、精准扶贫、社区共建等活动中，我们的党支部真正彰显了红色堡垒的作用，多次荣获寿光市先进基层党组织称号；分管我们学校的凌绪刚副局长参加我们的组织生活会时，评价说："圣城小学的各项工作做得好，能成为全市的标杆学校，这得益于学校党支部引领得好，得益于党员教师的带头示范作用发挥得好！"

我们党支部充分发挥党员的"红烛先锋"引领作用，党员主动亮明身份、践行承诺，一名党员就是一面旗帜。党员张玉芝成为齐鲁最美教师，张海艳成为潍坊市党员先锋，李政、吕新英等成为寿光市优秀党员导师。在她们的引领下，学校的学本课堂、圣贤教育取得了丰硕的成果。我们党支部深入开展了"红心向党"系列主题活动，请老党员给孩子们讲党史，请老干部给孩子们讲传统文化，真正让中华优秀传统文化、红色革命文化和社会主义先进文化进校园、进课堂、进头脑。

二、学校党建要融合学校中心工作

课程教学是学校的中心工作，课程是育人的主要载体，课堂是教育的主战场。在抗战时期，中国共产党为了加强对军队的领导，把支部建在了连队上。为了推动学本课堂教学的改革，真正提升学生的综合素质，做出学校的特色，经过党支部研究，我们决定把党支部建到"学本课堂"里，支委会成员兼任了"学本课堂创建领导与指导小组"，将学校党建工作的重心转移到了学本课堂和研究交流室。

随后，党支部按照"目标责任制"，层层签订责任书，将学本课堂的工作分阶段、分块、切片进行。我与袁学明、李政、张海艳等支委会成员几乎每天都深入每个班级、每个教研团队进行手把手的指导。在学本课堂刚起步的三个多月内，支委会全体成员经常从上午第一节课"站"到下午最后一节课，正是支委会成员这"一站到底"的韧劲，带起了全体党员的干劲，鼓舞了全体教师去积极研究、认真实践。

我们还充分发挥"党员导师制"和"党群联动制"的作用，引领教师全员、全科、全时地进行课堂教学改革。每学期结束后，党支部对学本课堂的推进情况进行"点评问效"，实施团队捆绑式评价，与教师团队量化考核挂钩。不足半年时间，学校成功实现了由"教本"课堂向"学本"课堂的转型。中国教科院韩立福博士到圣城小学指导时评价："圣城小学的课堂教学改革工作取得了阶段性显著成效，课堂由'教本课堂'向'学本课堂'转型，学生灿烂了，教师解放了。"

三、学校党建要融合家校共育工作

我们党支部将党建与家校共育深度融合，树立了办"学生喜欢、家长满意和社会赞誉"的家门口好学校的办学目标。创新家校沟通方式，通过三级家委会引领、家长志愿者服务、组织"万名教师访万家"、切实减轻学生课业负担等方式，站在家长需求和孩子成长的角度来思考问题，与家长真诚、零距离地沟通交流，听取家长们的意见和建议，努力改进学校工作的方式方法，提升学校的办学满意度。

2017年暑假，由党员教师和党员家长牵头，整个暑假每天都有由党员、教师、学生、家长组成的"双城共创志愿者"团队活跃在学校周边的小区和仓圣公园内。面对记者的采访，三年级四班李雨轩的爸爸说："圣城小学组织的文明创建志愿者活动，不仅美化了我们的家园，更重要的是让孩子们学会从点滴做起，从小懂得感恩，学会回报社会，也加强了家校沟通，我们很喜欢参与这样的活动。"

只要我们深刻领会十九大精神和全国教育大会精神，学校的党建工作就不会只是开开会议、学学文件，记记笔记，搞搞活动，就不会出现党建与中心工作两张皮的现象。我们圣城小学党支部将不忘"培养学生、发展老师、成就学校"的初心，肩负立德树人的光荣使命，继续发挥好党支部的核心作用，继续做好"统领"和"融合"的文章，凝聚团队正能量，真正办好人民满意的教育。

践谈

"百年大计，教育为本。"当前，中国正处于打赢脱贫攻坚战，全面建成小康社会，实现中华民族伟大复兴的关键时期。教育工作者要肩负培养一代又一代的社会主义建设者和接班人的使命，全面落实立德树人的根本任务，为实现中华民族伟大复兴的中国梦而努力奋斗。

第一篇　团队协商成就好学校

每周超短的"碰头会"

卡耐基曾说过：一个人的成功，只有15%是由于他的专业技术，而85%都要靠他的人际关系和为人处世的能力。对校长而言，沟通能力是衡量校长领导力的重要指标。在学校管理中，无论是办学目标的实现、学校文化的凝练，还是各部门工作的协调等，都离不开沟通。当管理者能够审时度势，根据不同的事情选择不同的沟通方式时，沟通一定能化作推动学校更好更快发展的力量！

细细品读《走在专家办学路上》，"四会一核心一章程"渐渐明晰，现代学校治理体系也在学校管理实践中，一步步扎实地构建起来了。

我们管理团队越来越清晰地认识到，校务委员会是学校的执行机构，各项工作能否做到精细化取决于校务委员会的行动。可以说，一个好的校务委员会才能成就一所好的学校。

校务委员会是实现学校民主管理，推进依法治校的有效途径。校务委员会承担着落实党的教育方针，全面落实立德树人根本任务的职责，负责制定学校的发展规划、教育教学改革方案，负责制定学校的各项制度，负责"三重一大"的讨论、审议和决策，负责学校重点工作的协调与执行。

按照现代学校治理体系的要求，在学校党支部的核心引领下，我们于2015年11月成立了师生服务中心、学生成长中心、教师发展中心、课程研发中心。为了提高工作效率，我们实施了扁平化管理，四个中心的主任全部由校务委员会核心成员兼任。每个中心领衔一个创新项目，袁学明副校长兼任师生服务中心主任，领衔节俭型校园创建项目；李政副校长兼任学生成长中心主任，领衔圣贤教育项目；张海艳副校长兼任教师成长中心主任，领衔学本课堂项目；徐翔主任兼任课程研发中心主任，领衔全息课程项目。实施扁平化管理，减少了管理层级，管理团队与师生的距离更近了，在工作中既分工又合作，各项工作执行起来更加顺畅。

通过四年的坚持，四个项目均做出了成效甚至打造成了特色。因节俭型校园的创建，学校把有限的资金全部用在了教学设施的改进上，教室内硬件设施与信息化设备全部进行了更新，让"职工子弟"和"打工子弟"享受到了高品质的教育；圣贤教育在北京、福建、青岛等全国性研讨会上进行典型推介；学本课堂吸引了全国各地的教育考察团慕名来校观摩学习，学校成了省市知名的课改学校；全息课程在潍坊市进行了现场推介。

近几年来，几乎每月甚至每周都有省内外的教育考察团来校观摩研讨，学校承接的活动也较多，师生参与各项比赛活动更是不少，学校的四个中心为了让师生们更快地成长，也组织相关的活动，这么多的活动或工作如何有条不紊地进行呢？这得益于校务委员会每周超短的"碰头会"，我们自己戏称为"诸葛亮会"。我们的"诸葛亮会"最短时不到5分钟，大多为20~30分钟，最长不超过40分钟。别看时间短，我们的校务委员会议却成为碰撞智慧、提升境界、统筹工作、剖析问题、凝聚能量的会议。

一、每周超短的"碰头会"成为碰撞智慧的会议

围绕学校的重点工作，分享交流落实的举措；针对管理中存在的问题，寻求解决问题的策略；结合事先提出的议题，进行思维的碰撞；这些都是我们"碰头会"的常态。

"各班的民族课程已研究了近两年，如何展示才会有更好的效果呢？"2019年3月的一个碰头会上，我们围绕这个议题展开了争论。"我们可以利用全息课程时间，分年级进行展示，这样能保证每个班级都有展示的机会。""我们的理念是让孩子站在学校中央，我认为这次民族课程展示应给每一个孩子提供展示的机会。""若每一个班、每一个孩子都有展示的机会，用时可能太长，本学期活动太多，会不会影响正常的教育教学？""马上就举办春季运动会了，今年的活动主题，就定为民族课程展示可否？""运动会开幕式我们可以进行创新，利用开幕式，所有班级进行全

第一篇 团队协商成就好学校

方位展示，这样不仅能保证所有班级全部参与，也能让每一个孩子都有上场展示的机会。"就在大家的交流碰撞中，"民族风·一家亲"春季阳光体育运动会实施方案有了雏形。

方案有了，关键看执行。我们看到了意想不到的精彩。非常佩服我们的班主任、家长和孩子们的创意，真正印证了"给个舞台就精彩"的说法。每个班级都上场，每个孩子身穿自制（或家委会自愿购买）的民族服饰，用说、唱、演等方式把两年研究的成果进行了全方位的展示。1至3年级和4至6年级，各用了半天的时间，所有的班级进行了酣畅淋漓的民族课程展示。"五十六个民族，五十六朵花；五十六个民族，兄弟姐妹是一家"，寿光市圣城小学的春季运动会开成了56个民族团结的盛会。

二、每周超短的"碰头会"成为提升境界的会议

2015年12月5日，我们校务会成员及部分骨干教师，一行15人于北京师范大学参加了全国第二届课程博览会，全程参与了"学本课堂"理论与实践研究成果专场展示活动，观摩了来自全国各地的12个学校的课堂展示。两天的学习中，动车上、餐厅里、会场内、楼梯口以及马路边都有校务会成员交流的身影。

回校后，交流研讨持续进行中，连续几次的"碰头会"，我们的话题都是课堂教学改革。如，"让学生成为学习的主人，让学生站在课堂的正中央""老师与学生同属于学习的主体，老师和学生是大小同学关系，教师是平等中的首席""小组合作团队学习，改变教与学的方式，真正体现学生学习的主体性""为了培养学生、发展教师、成就学校，我们要坚定不移地做这样的课堂教学改革"。正是这样持续的理念研讨与交流，校务会成员提升了境界，达成了共识，"铁了心"做课堂教学改革。正是这样的碰头研讨交流，才有了圣城小学学本课堂的点滴成绩。

三、每周超短的"碰头会"成为统筹工作的会议

2019年四五月份，是学校近几年最忙碌的时期。骨干教师忙于送教下乡；青年教师准备基本功大比武和优质课比赛；六个学科均有学生综合素养展示；全市的阳光体育运动会的精心准备；省内外近十个教育考察团相继来校观摩学习；两项建校以来规格最高的调研活动的迎接，这么多的活动集中

在一起，能有条不紊地组织进行，这得益于校务会成员的相互协作，"碰头会"成了高效率的统筹工作会议。

4月18日，中国关工委顾秀莲主任在潍坊市委惠新安书记等领导陪同下，来校调研关工委的工作，整个活动的过程相当完美。顾秀莲主任评价说："学校的德育工作和美育工作做得很好，孩子们很棒，做法值得学习和推广。"山东省原副书记、省关工委主任高新亭欣然题词"圣城小学经验好，值得全省推广学习！"5月30日，六一国际儿童节到来之际，潍坊市委副书记、寿光市委书记林红玉在陈湘颖副市长和李玉明局长等陪同下，来到圣城小学幼儿园看望孩子，并给孩子们送来礼物。林红玉书记评价说："你们的幼儿园管理精细，老师们很用心，服务很贴心，孩子们很有创意。"

这些活动的顺利进行是校务委员会团队协作、统筹分工的结果。哪有什么岁月静好，只是有人负重前行。

四、每周超短的"碰头会"成了凝聚能量的会议

每周的"碰头会"，成了我们的打气会、加油会、加压会，我们提出了"用身影指挥，不用声音指挥"的做事原则。校务会成员做不到的，决不要求中层做到，更不要求老师们做到，真正做到"以上率下"。

看来，只要管理团队做出样子，只要大家凝心聚力去执行，用"抓铁有痕"的行动，来影响和带动整个团队，所有的问题都会迎刃而解。

当然，我们每周超短的"碰头会"，校务会核心成员会各抒己见，为了工作需要，为了学校发展，有时会争得面红耳赤，有时甚至不欢而散。静心而论，这恰恰体现了我们团队的集体决策，做到摒弃"一言堂"，有效预防了"一人说了算"，这正是我们追求的管理境界。

"三个臭皮匠顶一个诸葛亮，"希望我们每周超短的"碰头会"真正成为学校发展、师生成长的"诸葛亮会"。

📖 **践谈**

作为一名校长要有创新力、决策力和执行力，善于沟通协作，知人善任，激发每一个人的工作激情，让团队释放更大的潜能。善于放权并能不越权，才能激发团队中每一位教师的潜能。只有放权，才能明确职责，明细权

13

第一篇　团队协商成就好学校

利，才能让每一位教师以主人翁的态度参与到学校管理中，做到每个人都是领导者，事事有人管，人人有事干，为教师、学生、学校，也为自己持续不断地注入发展的动力和活力。

学校的事大家说了算

师语

　　在1997年世界管理大会上，学者们提出了"未来管理变革的十大趋势中，没有管理的管理是管理的最高境界。"那么，没有管理意味着什么？是取消管理吗？当然不是，应该是一种能够高度自律的管理。而我们的教育目前追求的就是从他律到自律的过渡，使教师在心情舒畅、民主自由、尊重个性的环境中创新和创造。文化管理并不是取消制度，而是将制度上升到文化层面的更人性化的管理文化，发挥教师的主动性、创造性，在一种更为人性化的管理中来运行学校工作。

　　教育界有句名言：三流的学校靠校长，二流的学校靠制度，一流的学校靠文化。很多学校管理者或管理团队都意识到了这一点，那么怎样才能建立起完善的制度来保障学校的健康发展？怎样才能用文化来引领师生快速成长？怎样才能真正摆脱"人管人"的尴尬境地？这可能是每一位教育管理者都需要思考的问题。

　　我们管理团队的理念是"学校的事大家说了算"。"大家说了算"怎么来落地，靠的就是教职工代表大会。通过教职工代表大会建立适合学校发展、师生成长的制度，形成积极向上的学校精神文化，树起师生共同成长的发展愿景，这样学校才会健康发展，才会实现师生的共同成长。

　　学校教职工代表大会是教职工依法参与学校民主管理和监督的基本形式。教职工代表大会在学校党组织的领导下，代表全体教职工的意愿，参与学校的管理，为学校的发展制定规划与制度，使学校形成积极向上、充满正能量的学校文化。教职工代表大会是学校发展的决策机构，是学校发展的重要群众组织。

一、教职工代表大会是学校办学章程的拍板者

依据中华人民共和国教育部第32号令《学校教职工代表大会规定》第七条第一款规定"教职工代表大会的职权有：听取学校章程草案的制定和修订情况报告，提出修改意见和建议"。

2015年10月，在上级教育主管部门的统一安排下，学校着手起草《学校章程》。不用说老师们，我们有些中层干部当时也认为，这就是上级安排的一个任务，需要做的只是"完成任务"而已。

李希贵校长到北京市十一学校任职后，着手做了一件重要的事情，那就是组织制定了学校的行动纲领，并以此来统一思想，引领老师们进行了大刀阔斧式的改革，北京市十一学校成了全国教育改革的标杆和旗帜。

学校章程就是学校发展的行动纲领，也可以说是学校的"宪法"。我们党支部和校务委员会高度重视学校章程的拟定工作，经过了几轮的征求意见和反复的研讨交流。因为我们深知研讨交流、征求意见的过程就是统一思想和认识的过程，这些有时候比文件或制度的本身更为重要。

2015年11月20日，圣城小学举行四届一次教职工代表暨工会会员代表大会。本次会议讨论、审议并通过了《寿光市圣城小学学校章程》。

2018年11月，市、县两级教育行政部门开展了一次专门的"四会一核心一章程"现代学校治理专项督导活动。当时负责组织人事工作的宋瑜主任和吕新英主任在交流时，由衷地感慨："以前认为学校章程，就是学校的一个文件，现在认真研读、细致思考，才发现章程真是学校发展的纲领性文件，对咱学校的精神文化、管理体制机制、各部门的职责与分工，以及我们学校的发展目标、学校特色等都进行了详细的表述，章程就是学校发展的一个指南针。""三年后再来看我们的章程，发现我们这三年就是在章程的指引下，一步一步地走过来的。现在才真正懂得学校章程对一所学校的发展的重要性。"

二、教职工代表大会是学校发展规划的践行者

《学校教职工代表大会规定》第七条第二款规定"教职工代表大会要听

取学校发展规划、教职工队伍建设、教育教学改革、校园建设以及其他重大改革和重大问题解决方案的报告，提出意见和建议。"

为了进一步提升学校办学品质，努力把学校办成学生喜欢、家长和社会满意的家门口的好学校，我们经过多层面反复研讨、论证，用了一个多月的时间制定了学校第一个三年发展规划（2015年9月至2018年8月）。在学校精神文化的引领下，发展规划把"圣贤教育、全息课程、学本课堂"三项顶层设计进行了分解落实，制定了分年段的目标及措施，对依法自主办学、教师团队建设、学生综合素养提升、文明校园（文明单位）创建等进行了规划。发展规划成了学校三年发展的蓝图，目标就在前方，路径也更明晰，我们的心中有了谱。

2015年11月，在四届一次教职工代表大会上，讨论、审议并通过《圣城小学第一个三年发展规划》成了一个重要议题。

2018年9月，校务委员会决定起草第二个三年发展规划（2018年9月至2021年8月）。第一个三年发展规则是由我起草的，这次校务委员会决定由负责学校宣传和督导工作的王建军主任起草规划。

起草发展规划的过程中，他几次来到我的办公室，我们进行了深入的交流，他深有感触地说："当时，制定第一个三年发展规划时，很多干部和教师认为发展规划就是学校应付上级工作的一纸文件，可能他们不知道当时我们校务会成员的深思熟虑，也可能他们认为我们的目标太高，不可能实现。我又认真研读了几遍，发现我们这三年几乎是按我们的规划来发展的，不仅达到了目标，在一些方面还超出了原来的预期。所以对于第二个三年发展规划的制定，我们更要有前瞻性和指导性。"

三、教职工代表大会是教职员工权益的保障者

我来圣城小学任职后，学校现有的所有的制度和方案基本上得到了传承，特别是涉及教师切身利益的评优晋级、年度考核、师德考核等制度或方案。我最初的想法就是保持政策的连续性，既然教师团队都认可，延续执行是最佳的选择。

2016年暑假，因为中级职称的评聘工作，《教师专业技术职务竞争推荐办法》的局限性开始暴露出来。2017年暑假，潍坊市立德树人标兵的评选和重新认定工作安排后，因师德考核的问题，有几位教师到我办公室诉苦，有

17

第一篇　团队协商成就好学校

关制度的界定条件和执行方案迫切需要进行修改。

我们通过召开教师座谈会、发放征求意见书的方式，对教师团队的心声进行了一次收集。党支部决定对涉及教师切身利益的相关制度及方案重新进行修订，并提交教职工代表大会通过。

接下来，就是修改、讨论、征求意见，再修改、再讨论、再征求意见。通过线上、线下相结合的方式，一共进行了四轮修改、讨论，每一位教师都参与其中。在讨论期间偶遇几位骨干教师，她们说："我们没想到，学校在这几项制度上居然下这么大的功夫，经过这几轮的讨论和征集意见，我们基本上明白了这些制度和方案是如何产生和执行的。以前，我们只知道教学，对于这些制度和方案一点儿也不懂，光知道到时候就会有个结果，也不知道是怎么算出来的。"

2017年11月8日晚，圣城小学召开五届一次教职工暨工会会员代表大会，学校领导班子全体成员、中层干部、教职工代表、工会会员代表共计120余人参加，会议通过了《圣城小学教师专业技术职务竞争推荐办法》《圣城小学立德树人标兵推荐评选及管理办法》《寿光市圣城小学师德考核方案》《圣城小学年度教师考核实施办法》《圣城小学绩效工资评价办法》《圣城小学关于教职工考勤管理的规定》等制度。

最让人兴奋的是，这些涉及教师切身利益的制度和方案，每一项都是100%赞成，全票通过。看来，讨论、征求意见的过程就是深入学习、透彻知晓的过程，就是提高认识、统一思想的过程，就是达成共识、共同努力的过程。

所有涉及老师利益的评优、晋级、考核，学术委员会公平公正地审核，并第一时间通过书面、微信等方式公示给所有教师，让每个教师都做人事政策的明白人。这样调动了广大教师的工作积极性，教师因人事政策的问题向学校反映情况的现象不见了。

四、教职工代表大会是各类问题解决的协调者

每一年的教职工代表大会，都成了教师反映心声、解决实际问题的平台。对于教职工代表提交的每一份提案，校务委员会都进行认真研究，拿出可行的方案，耐心解答每一份提案，并自我加压，限定时间。校务委员会受教职工代表大会或工会委员的监督。

关于"学校的黑板粉尘太多，且有破损情况，建议学校筹措资金，更新

黑板"的提案，我们力争一个月内解决。袁学明副校长代表大会主席团答复了提案，并带领师生服务中心的教师，利用周末休息时间，到临沂市场进行考察。短短的两周时间，所有教室全部换成了高质量的绿板，师生们笑逐颜开。在寿光市教育和体育局的大力支持下，到2019年5月，学校所有教室全部换成了触控一体机，师生们欢呼雀跃。

"现在有很多老师骑电动自行车上班，电动车充电成了老师们头痛的事，建议学校想办法帮助解决。"因这个提案，学校对原有的车棚进行改造，加装了充电设施，还在家属区新建了一个能充电的车棚，师生服务中心还在车棚内提供了打气筒。最打动人的往往是细节，一个贴心的行为，感动了很多教师。

只要教职工代表大会充分发挥作用，就一定能实现"学校的事大家说了算"。

践 谈

学校管理主要是对人的管理，要提高管理效能，关键在于调动人的积极性。如何才能调动和发挥人的积极性呢？长期的教学经历和学校管理实践使我逐渐认识到：只有更新观念，实行民主管理，让广大教职工以不同的形式参与管理，才可以让教师把个人目标和集体目标统一起来，产生强烈的自主感，提高对自我价值的认识，产生集体的向心力，凝聚他们的智慧和经验，调动每一个成员的积极性和创造性，使他们专心地搞好教育教学工作。

没想到有这么多可做的事

师语

　　苏霍姆林斯基说："教育的效果取决于学校、家庭的一致性，如果没有这种一致性，学校的教学、教育就会像纸做的房子一样倒塌下来。"现代教育不是一个孤立封闭的过程，而是开放的、现实的、全方位的社会活动，学校教育和家庭教育需要相辅相成，加强他们之间的沟通互动也就显得尤为重要。

　　教育是起步于家庭，丰满于校园，呈现于社会的。孩子成长的每一步，都与家庭、学校、社会的教育密不可分，缺一不可。

　　当孩子步入学校，这三类教育如何才能更好地起到统合作用，这里面的制约因素有很多，实现的方式或渠道也有很多。家长委员会是统合协调这三类教育的一个有效方式和渠道。

　　家长委员会是由本校学生家长代表组成，代表全体家长参与学校民主管理，支持、帮助和监督学校做好教育工作的群众性自治组织，是学校联系广大学生家长的纽带。家长委员会能有效体现家长对学校教育教学工作的知情权、评议权、参与权和监督权；家长委员会能完善学校、家庭、社会三位一体的教育体系，营造良好的教育环境；家长委员会能搭建家庭、学校、社会合作育人的"立交桥"，促进学生的全面发展。

　　在与学校家委会副主任孙德元交流时，他激动地跟我说："没想到家委会有这么多可干的事，只要是为了孩子，只要是为了学校，再多的事情我们家长也愿意去做！"

一、家长委员会是家庭教育的榜样示范

苏霍姆林斯基认为："儿童对人的世界的认识，是从父母开始的。他首先认识的是，妈妈怎样跟自己说话，爸爸怎样对待妈妈。由此而生成了他关于善和恶的最初概念和理解。"

我们学校高度重视家长的培训工作，建有家长学校，每年有四次家长课程的培训，以提升家长的育儿理念。在家长学校开课和家长课程培训中，我们请家委会的成员为家长朋友们分享自己在家庭教育方面的心得体会。

我通过十几年的调查发现，积极参与班级家委会和学校家委会的家长朋友大多热爱教育，并且在教育子女方面有自己的方法和策略。家委会成员的现身说法，要比校长或班主任的"说教式"的培训的效果好得多。

在一次家长学校分享交流活动中，学校家委会主任孙建云女士分享了自己陪伴儿子读书的做法，儿子因读书而全面提升的事例，让与会的家长很受触动。会后，很多家长朋友围上去，与她进行深入的交流。我们的家委会成了家庭教育和家长们自我成长的榜样示范。

二、家长委员会是学校教育的得力助手

由学校家长委员会统筹安排，每个班级轮流值勤，各班家长自愿参与。每天上下学时，校门口就有了很多的家长志愿者们，他们帮助维持秩序，护送孩子们过斑马线，成了学生安全的守护者。

2017年，学生的校服由各学校自己负责。如何制作学生喜欢、家长满意的校服成了"头痛"的事。如何来解决？我们想到了家长委员会。从校服的材质、颜色、款式，到价格、招标、发放、收款、支付等所有的环节，全部由家长委员会全权负责，学校没有参与。让人意想不到的是，竟然没有一个家长为校服的事情将不良的信息反馈到学校。家长委员会成了学校棘手问题的有效化解者。

学校餐厅饭菜质量的提升有家长委员会的监督，学校早读时有家长志愿者的协助，学校卫生大清除时能见到班级家长委员会成员忙碌的身影。家长委员会成了学校工作的得力助手。

学校进行学本课堂教学的改革伊始，有个别家长担心孩子的学业成绩，表示不理解，甚至提出反对意见。2016年3月23日、24日两天时间，由家长委

员会协调安排，学校举行了课堂开放日活动，所有的班级和课堂全部开放，现场发放问卷，以无记名的方式收集家长的反馈意见，家长们对学本课堂的满意度达到了98.4%，从那以后，来自家长们的质疑的声音没有了。家长委员会的举动成了学本课堂全面推动的有力支持。

三、家长委员会是社区资源的最好支持

参与是最好的了解。为了让家长更好地了解孩子、理解老师、理解学校，我们邀请有特长的家长参与学校的课程建设。供电公司的家长来校给孩子做"安全用电"的校本课程；建设局的家长主动来校带领孩子所在的班级，用一年的时间做了"童眼看城建"的长线课程；家长委员会、家长志愿者参与课程，不仅丰富了学校的内容，而且能更好地走近学生、走入课堂，全方位了解和支持学校。

家长委员会还是社区资源的最好支持。在2017年9月，各年级在全息课程时间，级部主任和班主任充分发挥家长委员会的作用，介绍或邀请一些特色的培训机构来校辅导，这些课程教师不论是艺术方面还是科技方面，都有自己的一技之长，最难能可贵的是，他们来校参与的所有课程和辅导全部是公益的，不收取学校和家长任何费用。

四、家长委员会是社会教育的拓展、延伸

从2017年起，我们组织学生进行研学旅行活动，从路线的确定、课程的设计到旅行社的竞标、活动的组织，都由家长委员会的代表全程参与，省去了学校很多的麻烦，让学生的每一次研学旅行都很顺畅。四年级吴润奇的妈妈说："这次参与研学旅行，我们家长委员会全部参与了竞标，参与了路线的确定和课程的设计，一天时间走下来，我们感觉孩子真正开了眼界，一直到晚睡前，我的儿子还在跟我聊诸城的超然台，聊恐龙博物馆内的各类恐龙化石。这样的研学旅行，可以说对孩子是终身受益。"

2018年12月，我们学校用了四个周末的时间，组织开展了"爱护家园、文明有我"主题志愿服务活动。这次活动由家长委员会参与，分年级进行。五年级二班宋春磊在日记中写道："作为一名志愿者，在服务与奉献中，我体验着这份志愿的神圣与高尚。虽然我们做了一点微不足道的事，周围的人们却对我们竖起了大拇指，我们心里觉得很幸福。在志愿服务的过程中，不

仅体现了自己的价值，也从中学到了很多东西，锻炼了自己，我以后还会经常参加这样的活动。"六年级六班王鹏皓的爸爸跟我说："就应该多参与这样的志愿服务活动，不仅让孩子们得到体验，我们这些做家长的也很有成就感。创建文明城市，爱护我们的家园，就需要每一个人实实在在地付出才行。"

家长委员会的协调与参与，让这些实践活动更有效地开展，家长委员会也成了社会教育的拓展延伸。有了这些热心家长的参与，老师和孩子们在活动中收获得更多。

有一次，与全市家长委员会洪华山会长交谈时，他说："家长委员会就是一座架在学生、家长、学校和社会之间的桥梁。我们没想到家长委员会有这么多可以做的事情，我们很乐意参与学校的事情，这样便于我们近距离地了解孩子、了解学校。"家长委员会是家庭、学校、社会合作育人的"立交桥"，怎样架好这座"立交桥"，需要我们每一位教育管理者去思考和践行。

📖 **践 谈**

教育是树人的工程。一个人的成长一般需要经历家庭教育、学校教育和社会教育。家庭教育，是根的教育；学校教育，是干的教育；社会教育，是枝叶的教育。教育，不应该是单枪匹马的战斗。缺失了家庭教育和社会教育的教育，是不完整的教育。这三类教育统合作用于孩子身上，才能协同推进孩子健康快乐成长。

第一篇　团队协商成就好学校

学校的事就是我们的事

师语

　　任何一所义务教育学校，都在努力达成这样的办学目标：让社会满意，让家长放心，让学生健康快乐成长。单凭学校一己之力，要实现这样的目标是很难的，我们必须整合社会资源，构建学校、社会、家庭三位一体的教育网络，才能推动学校教育工作从封闭转为开放。为此，我校积极建设好办学理事会，充分发挥办学理事会的作用，加强学校与家庭、社会的沟通协调，创设和谐教育的氛围，提高学校教育的质量，提升家长和社会对学校办学的满意度。

　　"每次来到咱们学校，总会看到学校的新的变化，有这么敬业的教师团队，孩子们在这样的校园里读书真是幸福！"圣城街道仓圣社区的刘国华书记说。

　　"学校的变化与发展，孩子们健康快乐地成长，也离不开各位办学理事会成员的大力支持。"我跟她交谈着。

　　"学校的事就是我们的事，我们就是感觉做得太少了……"

　　刘国华书记负责仓圣社区的工作，也是我们圣城小学办学理事会的成员。

　　依据《教育法》《义务教育法》等国家有关法律法规，为了满足推进现代学校制度建设，实行开放办学的需要，强化民主决策和社会监督，实现依法自主办学、科学管理，努力把学校办成"学生喜欢、家长和社会满意"的家门口的好学校，于2015年12月，我们成立寿光市圣城小学办学理事会。

　　办学理事会是由学校、政府有关部门、社区、社会各界等多方协作，共同参与学校发展和管理的参谋、咨询、协调、监督机构。校长受理事会监督、指导。办学理事会对学校发展规划、年度工作计划、重大发展项目、重大改革项目、基本建设等重大事项有参议权。办学理事会对学校办学行为和学校管理团队执行能力有监督权。

办学理事会一般每年组织1~2次集中活动，办学理事会成员可以不定期入校指导。虽然他们总是自谦说："我们来得少，关心不够，做不了多少事情。"但是我们觉得，在学校的办学过程中，办学理事会发挥了很重要的作用。办学理事会不仅是依法自主办学治理体系中一个外部监督机构，更重要的是办学理事会的成员把学校的事情当成了自己的事情，时时处处关心、关注着学校的发展，为学校提供一切可能的帮助。

一、办学理事会是工作落地的指导与监督

寿光市教体局副局长凌绪刚是圣城小学的包靠领导，经办学理事会全体成员公开推选，任圣城小学办学理事会的理事长。几年来，每月至少来校调研和指导一次，有时候甚至一周一次。学校取得的点滴进步和成绩，都离不开他的精心指导和用心监督。凌绪刚副局长对工作的敬业精神，对学校的厚爱与支持，也成为我们管理团队工作的动力。

每次学校党支部召开组织生活会，他总是在百忙中挤时间来参加，认真倾听每一位支部委员的述职和对照检查，认真记录着每一位支部委员的批评与自我批评。"圣城小学的各项工作做得出色，得益于你们党支部的带头作用，得益于党员教师先锋模范作用发挥得好。在学校党建工作中，我们要做全市的排头兵，真正发挥党建的统领作用，把工作做实做精做细，创出我们自己的品牌。"他在用心点评的同时，总是不忘给我们党支部和全体党员提出更高的希望和要求。

对学校的安全工作的例行检查，事无巨细。小到车棚内充电设施的漏保开关、灭火器的检查记录，大到学生午休室的改造，他都用心监督并出谋划策。在他的指导下，我们把餐厅和学生午休室的墙全部更换为防火岩棉板，消除了一个非常大的安全隐患。

2017年暑假，在争创全国文明城市的攻坚阶段。凌绪刚副局长冒着酷暑，带领张伟林科长多次深入校园和家属区，指导文明城市的创建工作，在他的感染下，学校管理团队以高标准、高境界组建了由党员教师牵头，教

师、学生、家长等组成的"创建志愿者团队"，在学校周围积极开展活动，也带动了周围的居民积极投入到创城工作中。住建局负责创城网络管理的负责人评价说："圣城小学及家属区是我们网络内工作最到位，让我们最放心的单位。"2017年11月，山东省评选表彰了第一届省级文明校园，寿光世纪学校和寿光市圣城小学两所学校获此殊荣。

二、办学理事会是实践活动的资源与支持

圣城小学紧邻占地350亩的仓圣公园，为"小学校做大课程，小学校办大教育"提供了一个得天独厚的条件。寿光市园林集团赵凤军经理是仓圣公园养管中心的包靠领导，也是我校办学理事会的成员。他经常跟我们说："学校老师和孩子们，在校外实践活动中，有什么需要我们做的请尽管说，为了孩子们我们会尽全力支持。"

仓圣公园成了我们学校的实践活动基地和研学旅行基地。公园内丰富的植物资源、人文资源丰富了我们的课程资源。几乎每个月甚至每个周，都能看到老师和孩子们在公园内活动的身影，学校的很多课程都是在公园内完成的。

从空中俯瞰整个城区，在城西南片区，郁郁葱葱中有一汪清澈的泉，仿佛一只碧蓝的眼睛，那就是公园内的人工湖，她作为润泽一方的"肺"，起着调节周围环境的空气湿度作用，吸引着很多市民来湖边散步。美景之下有时却存在安全隐患。暑期的到来，防溺水工作成了学校安全教育的头等大事。学校袁学明校长、李文海主任与公园养管中心人员一起巡湖，养管中心加强了值勤力度，设置了多处警示牌，配备了救生圈等急救设施。学校利用主题班会、升旗仪式等进行防溺水教育，党员先锋每日坚持巡湖和宣传教育活动。双方携手，校内外结合，让防溺水教育真正落到实处。

在世界环境日到来之际，仓圣社区的志愿者们主动来到学校，帮助学校开展世界环境日的相关课程。在校内举行隆重的启动仪式，利用周末时间，组织部分学生、家长开展了"爱护环境，有你有我"活动。"社区的志愿者们带领孩子们参与这样的活动，让孩子们亲身去体验，在活动中思想得到提升，我们做家长的很愿意孩子参与这样的活动，这也是他们接触社会的机会。"五年级二班魏敬翰的爸爸在参与活动后如此说。

三、办学理事会是校园安全的助力和保障

圣城小学所在的位置在工业区派出所的辖区内。岳亮所长是学校的法制校长，也是我们办学理事会的副理事长。

每年的法制副校长进校园开展"法制讲座"，岳亮所长都精心准备，充分考虑孩子们的年龄特点，考虑孩子们的接受能力，从孩子们身边的事例讲起，把法律与校规、校纪结合起来，让孩子们真正受到教育。

2019年6月，孙颖副所长受他的委托，来校做了一场"远离毒品，珍爱生命"的专题讲座，从毒品有哪些、毒品有什么危害、怎样远离毒品三个方面，让孩子们认识到毒品的危害，学会正确地保护自己。

校园周边的安全与稳定工作成了岳亮所长的挂心事，他经常调度，安排干警定期巡逻。上下学车流高峰期间，公安干警在校门口附近协助，是校园安保的屏障。当学校有大型活动需要支持时，只要一个电话，工业区派出所的干警就会放下手头的工作，来到学校协助。"这是我们的职责，确保一方平安是我们应该做的事情，我们就是担心做不好。"这些干警的话让我们深受感动。

四、办学理事会是师生成长的见证和宣传

学校附近有三个村，这些村的孩子均在圣城小学就读。南魏村的周星书记、前三里村的张金江书记和后三里村的王永强书记是我们办学理事会的成员，他们三位特别关心孩子们的成长。2016年5月底，他们一起来到学校，咨询关于给孩子们送什么样的儿童节礼物的问题。那年的儿童节，全校2400多名学生每人都收到了一份特殊的礼物：一根跳绳和一个毽子。从那以后，学校每年的春季运动会和秋季运动会，都有了跳绳和踢毽子的比赛，在全市的阳光体育运动会上，我校这两个项目的成绩也在逐年提升。

2016年9月10日，我校隆重举行了教师节庆祝大会。我们采取了团队表彰的办法，做到了让每一位教师都有上台领奖和接受别人喝彩的机会。三个书记与相关企业为教师团队进行了捐赠活动，现场对教师团队进行了表彰，见证了一年来教师团队取得的丰硕成果。

三位书记成了学校的义务宣传员。前三里村的张金江书记经常跟我说："都知道咱圣城小学办学好，老师们好，都想把孩子送到咱学校上

学！"" "都是你在外面给学校吹喇叭的缘故吧！"我跟他开玩笑说。

学校的办学理事会不仅是学校办学的外部监督机构，还给予了学校很多的支持，让学校周围的社区尊重教育、关心学校，办学理事会充满了正能量。

📖 **践 谈**

网上的一篇文章中写道：澳大利亚珀斯市"时时有教育、处处能学习、行行重教育、教育无边界"。在西澳州，几乎所有社会机构都设有教育办公室，为学校提供教育场所、教学项目、教学资源、讲师讲解等各种立体化的教育服务，使学生从小就能直接接触社会、自然，在亲身实践、体验、参与中学习。教育不是一个校长、一群教师就能完成的，需要社会各界共同的参与，集思广益，资源共享，才能让教育充满活力。

《圣小家园》诞生记

师语

　　学校既是一个教学场所，也是一个文化空间。文化是一所学校的灵魂，它彰显着学校的个性与品质。一个学校的文化载体有很多，既有显性的文化，比如墙壁文化、自然环境等，也有隐性文化，比如办学理念、办学思想等。如何能让文化渗透到每一个人的心中，表现在每一个人的行动中？这是教育管理者必须要思考的问题，也必须要通过具体措施来落实。

　　"凡事预则立，不预则废"。一个团队工作有规划，并能按计划行事，才会有高的工作效率。在2015年10月的一个校务委员会"碰头会"上，把"计划如何拟定、怎样落地执行"作为了一个议题。经过研讨，决定为教职工制作一份承载周工作计划和其他内容的小报，小报的名称通过向全体教师进行有奖征集的方式来确定。

　　发放书面征集稿以后，教师踊跃参与。方荣梅老师的"圣小校讯"，并且列出了栏目——校园新闻、工作安排、校园生活、好书推荐等；杨炳章老师的"星火报"——星星之火，可以燎原；来校支教的陈丽老师的"圣小心语"——交流的平台，感动的心声；王瑞波老师的"追梦"；郭翠华老师的"圣小报"；还有圣小之音、文慧苑、旭日校报等等。

　　我们专门组建了评委，对收集到的每一份建议进行审阅，最后李政校长的"圣小嘉园"和王晓敏老师的"家园"，获得了最佳成绩，学校为两位老师奖励了精致的水杯。"这样的小事，学校还这么重视，我们以为有奖征集只是说着玩呢。"当把奖品送到办公室时，办公室的老师们笑着说。

第一篇　团队协商成就好学校

我们把"圣小嘉园"和"家园"做了一个拼接，小报的名称"圣小家园"就这样诞生了。

受此启发，我们管理团队就把"师生共同成长的和谐幸福家园"定为了学校发展的愿景。教师每人提供了一张自己感觉最美的照片和自己最喜欢的一句话，用教师的靓丽照片拼成了"和谐圣小、幸福家园"这八个大字，并特意突出了"和"和"家"，因为我们觉得能在一起共事，真是一种莫大的缘分，大家都应好好珍惜这个缘，像一个大家庭一样和睦共处，一起拼搏。现在，每当走到"和谐圣小、幸福家园"这面文化墙时，我们能看到教师团队的无限活力。

《圣小家园》期刊分成了上周工作回眸、下周工作要点、最美感动瞬间、智慧故事分享、本周工作随记等栏目。还特设了一个沟通交流的平台，请教师把一周以来教育教学和管理中发现的问题、困惑或建议写一写，每周的周五下午放学前，把发至所有教师手中的《圣小家园》期刊进行收回，便于我们第一时间了解教学与管理中的问题。

在第一期的刊首寄语中，我写下了这样的文字"把工作当成一种乐趣，你就永远不用'工作'；把学校当成家来经营，你就永远生活在幸福中；把学生看作自己的孩子，你就会时时体验学生成长的快乐"。就这样，周一上午第一节，就会有一期《圣小家园》发至每一位教师的手中，周五下午每一份带着老师心声的《圣小家园》再集中到我的办公室。这份小报的使用坚持了两年多。后来，得益于微信群的发展，我们把工作计划改为了即时性的。《圣小家园》成为两年之久的美好记忆。

一、《圣小家园》——学会梳理总结工作

"上周工作回眸"由各科室、各年级把上周的主要工作进行汇总。"汇总工作的过程就是静心反思、梳理总结的过程，我们不再像以前那样只顾低头拉车，也开始学着抬头看路。这也便于我们思考上周工作中的得与失，相信坚持这样做下去，我们的每一位中层都会得到提升。"曾担任五年级级部主任，现在寿光市教育和体育局研究室工作的刘传禄主任深有感触地说。

从每一周的工作回眸中，教师能发现学校的工作着力点，能了解学校一周的所有活动和工作成效，能站在全局的视角来看待学校的发展，看待师生的成长。同时，也激励着教师团队更好地做好接下来的工作，让每一个人在

工作中找到价值感，享受获得感。

二、《圣小家园》——明晰工作目标及定位

我们把每周的工作要点，提前进行梳理安排，并对每一项工作要点达到的标准进行精准描述，每一项工作都有具体的责任人，有完成的时间，这就建立起了以结果为导向的工作机制。

每个科室、年级和具体人员都有明晰的工作目标及定位。比如，在2016年5月30日第29期"圣小家园"中，下周工作要点中的第一点明确了"学校与班主任，班主任与家长层层签订防溺水安全责任书；各班主任利用班队会时间开展一次防溺水专题活动；下发学校印制的致家长朋友的一封信；对照相关标准，整理好相关档案材料，迎接上级对防溺水教育的检查。"这些工作要点的描述有可操作性和可评价性。

三、《圣小家园》——帮助发现身边的榜样

"最美感动瞬间"栏目主要是寻找并发现身边的榜样，身边的榜样能让教师在感动中快乐工作，在感恩中幸福生活。

用行动诠释真爱。课间，崔华荣老师在办公室内一遍又一遍地不厌其烦地教每一个孩子去发标准音，她的眼神里充满着真爱和期待；哪怕眼睛吃不消，三个班孩子的作业，她一份不落地耐心阅完；她嘴上说着每个学生的进步，心中装着每个学生的成长，她用行动诠释着对学生的真爱。

走在学本课堂最前列的六年级团队。"李老师，快来看看咱班的分组合适吗？"周一早上，孔琪老师就约着李振勇老师来到六年级八班的教室，开始了学本课堂改革的第一步——划分合作学习小组。看着八班第一个当起了"吃螃蟹"的，其他班级的老师也坐不住了，纷纷行动起来。细心的甄秀萍老师早就利用周末，在纸上画好了小组建设的示意图，一边与班级其他老师讨论，一边与家长进行飞信沟通……

在《圣小家园》的每一期上，都有让我们感动的教师或团队，他们的事迹和行动，给团队注入了满满的正能量。

四、《圣小家园》——在故事分享中感悟提升

一个好的故事能引发人的思考，一个好的故事能启迪人的思想。我们专

门设置了"智慧故事分享"栏目，这个栏目成为很多教师的最爱，成为激励教师积极向上的动力。

在第3期，我给老师们分享了这样一个故事——《困难仅是因为没有行动》。美国前总统林肯曾讲述过自己幼年的一个经历：父亲在西雅图有一处农场，地里有许多石头。正因为如此，父亲才以较低的价格买下了它。有一天，母亲建议把石头搬走。父亲说，如果可以搬走的话，主人就不会把农场低价卖给我们了，它们是一座座小山，都与大山连着。有一天，父亲去城里买马，母亲带我在农场劳动。母亲说，我们把这些碍事的东西搬走好吗？于是我们开始挖那一块块石头。没用多长时间，就把它们搬走了，因为它们并不是父亲想象的山头，而是一块块孤零零的石头，只要往下挖一米，就可以将它们晃动。其实，有很多事情看起来很难，办起来却很容易。这些困难恰如一层窗户纸，挡住我们的视线，使我们难以看清它的本质。在这种情况下，需要的就是行动。假如我们往下挖一米就可以晃动石头，那么，我们不就挖到希望和信心了吗？

读了这个故事，有的教师说"我们的学本课堂已经正式启动，需要的不是等待、不是彷徨，而是拿出勇气去尝试、去行动"。

五、《圣小家园》——搭建沟通交流的平台

我们专门设置了"学校是我家，发展靠大家"的版块，请教师把在教育教学和管理中发现的问题、困惑和建议写下来。

程艳萍老师发现的问题：教室里的电脑桌坏了许久，找过后勤和电教人员，都无法修复，请学校尽快想办法解决这些安全隐患。李秋红老师的困惑：班里个别同学各方面表现欠佳，总给小组拖后腿，小组成员都不想和他一个组，该怎么办才好？王艳梅老师的建议：希望给每一位语文教师配发一本字典和小学生优秀作文集。

每周五下午，我都会挤出时间，认真翻阅着每一位教师的建议，这成了我们管理团队及时发现问题、解决问题的有效渠道，为学校和教师搭建了一个很好的沟通交流的平台。

《圣小家园》的用心创办与有效交流，让我们管理团队受到很多的启发。借鉴这个方式，我们学校每年都进行十件大事的评选，认真梳理一年来的工作，面向所有的教师、学生和家长印发选票，并采取抽奖的方式，在春

节前的放假会议上，抽出幸运的参与者。十件大事的评选，让所有教师、学生和家长了解了过去一年中学校的成绩与活动，既宣传了学校的成绩，又凝聚了团队的正能量。

践 谈

一份小小的报纸承载着学校教育的希望，渗透着学校教育的思想，也是团队之间联系的纽带。经过多年的实践，我更加深刻地认识到：做教育不能眼高手低，更不能好高骛远，要扎扎实实地做好每一件事，把每一件事做细做精，就自然而然成为学校发展的动力，也能成为学校的亮点和特色。

有丰厚内涵的学校文化

师语

　　顾明远教授曾说过："一所学校要有一个文化的蕴涵，文化的蕴涵越深厚，学校的基础越深厚。"学校文化是学校的生命和灵魂，是学校教育的重要支撑，是学校在长期办学实践中不断积淀的精神力量，更是推动教育创新和学校发展的强大内驱力。在创办一流教育的过程中，学校要以构筑向上的精神文化为核心，以打造健康的物质文化为导向，以建立规范的制度文化为保障，以塑造先进的行为文化为落实，不断提升学校的发展水平。

　　"我走过很多学校，每到一所学校，我首先关注这所学校的校徽，因为校徽是学校文化的主要标识。我觉得圣城小学的校徽就很有文化内涵，既根植于当地的文化，又符合新时代的要求，又能对师生起到很好的引领作用！"山东泰山教育研究院的徐老师带领江苏滨海县的教育考察团来校参观时由衷地说道。

　　学校的文化，特别是学校的精神文化，是学校的价值追求，有什么样的学校文化，就会培养出什么样的学生，因为学校文化是师生成长的精神引领。

一、全员参与中诞生的校徽

　　2015年10月，学校准备印制一份宣传文稿。"在文稿的封面放上校徽吧，这样能彰显我们学校的个性和特色。"我跟分管这项工作的王建军主任说道。

"校徽？我们不知道用哪一个呀！这几年来，我们印制文稿时几乎没有用过校徽。"

过了几天，他找了两个校徽图案送给我，并且说明一个是好多年前曾用过的，另一个是学校小记者校外实践活动时曾用过的。

我自己认为，校徽不仅是一个符号，不仅是一个标识，校徽更应该是学校文化精髓的浓缩，能对师生起精神引领作用才行。在接下来的几次校务会上，我们就针对校徽问题和学校文化建设展开了激烈的讨论。

圣城小学的校徽经过师生、家长代表们的反复研讨、论证，请设计公司按照师生、家长的意愿，设计了6个校徽方案，这6个方案中，包括以前曾用过的两个，并且在纸质的征求意见书中放在了第一位和第二位。然后，我们把带有6个校徽方案的征求意见书，发给了每一位教师、学生和家长，让所有的人都参与投票，最终定出了现在用的校徽。

校徽主要由外圆内方图案组成，体现了"无规矩无以成方圆"的思想，引领师生规矩做人、规矩做事。

由蓝绿结合的外圆，寓意天蓝、地绿、人和，体现自然和谐的理念，象征学校根植于中国蔬菜之乡，师生成长于阳光蓝天之下，以蓝绿环保色引领师生树立环保意识。

内方为"圣"字篆体印章，上部像古人鞠躬行礼的样子，也像人奋力前行的样子，下部像扎根大地的样子，寓意脚踏实地、谦恭做人，将圣贤精神印记于师生心中，体现学校尊圣贤之道，循圣贤之礼，承圣贤之风的办学理念。

现在几乎所有的学生、家长和教师都知道，校徽的中间是一个"圣"字的印章。"圣城小学引领孩子做圣贤教育，让孩子们从小养成好的习惯和好的品质，孩子们在这样的学校读书很受益。"在一次家长课程培训现场，三年级五班王梓涵的妈妈这样分享交流着。

二、师生共书绘就的校训

由学校党支部牵头，学校成立了学校文化策划团队，围绕学校的核心理念"让学生站在学校中央"和"圣贤教育、全息课程、学本课堂"的顶层设计，对学校文化进行了策划。策划团队一边策划，一边征求学生、家长、教师意见，创建了与顶层设计匹配的三风一训。

校训是学校精神文化的核心，一个好的校训能促进师生的成长和发展。

经过反复研讨，我们把"每天做更好的自己"定为了校训。

我们为"每天做更好的自己"的校训找到了缘起：《大学》中"汤之盘铭曰：苟日新、日日新、又日新"；荀子《劝学》中"故不积跬步，无以至千里；不积小流，无以成江海"。从中华优秀传统文化中汲取做人做事的智慧，每天都进步，每天都做更好的自己，每一个人都会不断地成长。

为了让每一位学生、教师，乃至家长，更好地理解我们的校训，策划团队为校训做了这样的诠释：没有最好，只有更好；每天学习一点点，每天思考一点点，每天进步一点点，你就是更好的自己；每天问候一个人，每天帮助一个人，每天宽容一个人，你就是更好的自己；每天做细一件事，每天做实一件事，每天做精一件事，你就是更好的自己；每一天都是崭新的，超越昨天的自己，就是更好的自己，一个新的自己，一个走向成功的自己。

从那以后，在至圣楼的楼顶上，由五年级的刘奕暄同学用大字书写的"每天做更好的自己"，每天晚上映红整个校园，在很远的地方，周围的市民们都能看到圣城小学的校训；从那以后，圣城小学的几乎所有印刷品上都有了"每天做更好的自己"；从那以后，在省内外各学校讲课或做报告的教师，也都习惯性地把"每天做更好的自己"放到自己的演示文稿上；从那以后，我经常听到教师或家长用"每天做更好的自己"来引导着孩子们在学习和生活方面做得更好。

2018年冬天，我们在校牌墙的北侧，打造了校训墙。我们的校训墙由4位教师和16名孩子一起书写，由吕玉荣、张玉芝、刘文礼、袁西钦四位教师合作书写了校训的名称和缘起；由宋心悦等16名孩子合作书写了校训的诠释。当校训墙完工的那一天，我正站在校训墙边观看，远远地就看到一个小男孩拉着另一个小男孩飞快地跑过来，边跑边气喘吁吁地说："快去看看，我写的校训内容。""这上面有你写的字？"我连着向他问道："当看到你书写的校训内容展示出来时，你有什么感受？""韩校长，我特别高兴，因为我的妹妹明年就来咱学校上一年级了，当她看到我写的字在这儿时，她肯定会特别开心！"后来，我才知道这个五年级的小男孩叫马浩瑜。

三、饱含立德树人的校风

基于学校的顶层设计，学校文化策划团队不断征求师生和家长的意见、建议，经过反复研讨、修改，最终将"诚信明礼、博学笃行"定为学校的校风。

党的十八大明确提出"立德树人是教育的根本任务"。我们的校风体现了全员、全方位、全过程育人的要求。

为了让每一位教师、学生甚至家长更好地理解校风，从而让校风落地，成为每一位师生身上自带的气质，我们找到了校风的缘起。《论语》中的"民无信不立"；《孟子》中的"诚者，天之道也；思诚者，人之道也"；《礼记·中庸》中的"博学之，审问之，慎思之，明辨之，笃行之"。这些中华优秀传统文化的精髓，这些儒学经典名言成了我们校风的缘起。

我们还对校风进行了更详实的诠释：诚信明礼是公民基本道德规范之一，应当成为每个人的精神追求和自觉行动。每个人都要做到诚实做人，诚恳做事，讲究信用，互相信任，培育诚实守信的美德。做到尊重他人，助人为乐，遵守规则，互相礼让，培育文明礼貌的品质；博学笃行是博学识和勤实践的统一，应当成为每个人的学问之道和创新之源。每个人都要做到刻苦学习，广博学识，勤于思索，拓展思维，树立终身学习的目标；做到努力实践，积极作为，敢于突破，不断创新，树立学为所用的思想。

我们多措并举，将校风落到教育教学和学校管理的每一个细节中。近几年来，圣城小城一直进行学本课堂的实践与创新，学本课堂的最典型特征就是小组合作团队学习，每个班实行四人组或八人组。我们始终认为"差异即资源"，小组内部是异质的，也就是说每个小组中有优等生，也有中等生和潜能生，为了更好地进行合作学习，刚开始时，我们以"1号""2号""3号""4号"等来标记座位号。后来，怕引起家长的误解。我们就把座位号定为了诚信号座位、明礼号座位、博学号座位、笃行号座位。我们团队是这样思考的：哪怕等孩子们走出校门，把一切都忘掉的时候，他们或许还记得自己的座位号。如果孩子们把校风中的一个或几个关键品质深深烙印到自己的内心中，这些就会成为孩子一生的财富。

结合学校发展的顶层设计，我们用了长达两年多的时间进行文化建设，从学校的核心精神文化，到外显的校园文化，再到制度文化和学生的行为文化，我们一直在行进中。"你们学校的校园文化很有个性，很有特色，让孩子站在学校中央的理念，孩子们动手创作校园文化，都让我们的校长们开了眼界。"河北省石家庄市井陉县教育考察团的赵局长来校时评价说。

改变一名学生，首先要改变他的人生目标；改变一位教师，首先要改变他的价值追求；改变一所学校，首先要改变他的校园精神。学校的精神文化

第一篇 团队协商成就好学校

变了，教师团队就会变，学生和家长也会变。

践 谈

　　"名校不是靠几个名师来教育人，而是靠学校文化来熏染人"。不同的学校培养出来的人不一样，这就是学校深层次文化对一个人浸染和熏陶的结果，只有高品位的文化才能培养出高品位的学生。名校的背后是文化，文化好比是一所学校的DNA，真正的学校核心影响力就是独特的校园文化。

用净水机洗手背后的故事

　　有一段时间，我养成了一个工作习惯，那就是每周五下午，等负责宣传工作的人员把每一位老师的《圣小家园》手记收集好，我会立即放下手头的工作，认真翻阅着每一位教师的建议。

　　我们通过内部的交流小报《圣小家园》搭建起了一个沟通交流的平台。它为我们的管理团队及时发现问题、解决问题提供了有效渠道。

　　在《圣小家园》第二期中，赵艳花老师提出的一个建议引起了我的思考。她写道：时常发现学生在卫生间外面的净水机上洗手、洗抹布等，甚至有些孩子冲洗毛笔、调色盘，建议学校针对此事专门给学生们讲讲，教育学生养成好习惯，并且注意节约用水！

　　为什么学生不在水龙头上洗手、洗抹布等，而在净水机上洗呢？是因为净水机上的水温高？可那时正值秋季。我百思不得其解。没有调查，就没有发言权。最好的解决问题的办法就是到现场去；最有效的途径就是深入师生中通过座谈了解。找出问题的根源，然后再对症下药，才会有好的效果。

　　带着问题，我与后勤主任袁西钦转遍了所有的卫生间，发现问题的症结不在学生，而在于洗手设施。卫生间内大多只有一个冲洗拖布的水龙头能使用，另一侧的水龙头和洗手盆大多损坏。袁西钦主任马上安排专业人士对卫生间的设施进行改造：每个卫生间加装一个新的洗手盆，两个新的水龙头，并安装了仪容镜。

第二天，我从三、四、五年级随机找了近20名学生，利用大课间时间，召开了一次学生座谈会，座谈会的主题就是学生课间的洗手问题。通过学生七嘴八舌的发言，进一步印证了我的判断，学生们用净水机洗手、洗抹布等行为主要是因为没有其他洗手的地方。同时，也了解很多学生不知道这样的行为带来的后果：一是极不卫生，给其他饮水的同学造成污染；二是造成浪费，大多数学生不知道净化一桶水，要消耗掉约四桶水，还浪费电。同时还了解到，很多学生便后不洗手、洗手后不及时关好水龙头、故意破坏卫生间的设施等问题。

要想了解真问题，要想知道师生发展的真需求，就一定要走到师生中间去。只有这样，才能寻找出解决问题的真办法。

针对了解到的问题，我们组织五年级学生进行了以"节约用水"为主题的综合实践活动。引导学生们认真统计家庭和学校用水情况，上网搜集全球淡水资源的情况和人类浪费水资源的严峻形势，组织学生进行"节约用水"手抄报和书画比赛。通过系列主题实践活动，让学生们懂得了要节约每一滴水。我们从学生的绘画作品中精选了一部分，经专业人士设计后，全部悬挂于卫生间内，实现了卫生间内有"画"的标准。五年级各班主题实践活动结束后，利用学校广播系统向全校师生发出了"珍惜每一滴水，保护水资源"的倡议。

我组织任教的两个班级，利用品德与社会课，请有特长的家长志愿者以"净水机的工作原理及使用"为切入口，将《品德与社会》《科学》《环境教育》等课程中关于水资源、水科学和水污染等内容进行整合，放在一起进行研究。学生们初步了解了净水机净化自来水的过程及其工作原理，知道了净化水的同时会消耗掉很多水。"哎呀，净水机在产生纯净水的同时，还需要这么多电能和水源，这是我们以前所不知道的，以后我会提醒同学们一定珍惜每一滴水，用多少取多少，决不浪费。"我们班的张志浩激动地说着。

"老师，我们学校是不是应采取办法，管好净水机。放学后，可以关掉净水机，这不就能节约电能和水资源了吗？"学生张含冰提出了一个节约水、电的金点子。后来，办公室的刘月祥主任提出一个更好的策略：为每一台净水机安装定时器，这样既能保证节约水、电，又能保证每天早上师生能喝上热水。有这样的以校为家的师生的提醒，学校立即行动。

有了师生的建议和金点子，学校的十三台大型净水机全部安装了定时器。每天放学后，净水机自动关闭，每天早上师生进校前半小时自动工作。关注净水机的使用，关注学生的健康饮水，也成了我的心事。所有的净水机做到了一年一化验水质，半年一更新滤芯，目的就是让师生每一天都能喝上放心水。

3月22日是"世界水日"。在每年的"世界水日"前后，我们学校总是利用主题式升旗仪式，以中队展示的方式来宣传节约用水。形式有主题演讲、情景模拟、小品演出等，用这些生动、有趣、直观的方式，让每一位师生都受到教育。希望所有的师生能在日常的生活中，真正做到节约每一滴水，节约每一度电。

有一位教育专家这样说："一个学校的管理细节只看洗手间就行，一个学校的学生发展只看操场就可。"从2016年春天开始，我们学校对所有的卫生间内的设施进行升级改造，做到了有"花"，有"画"，无异味，为师生提供了更好的环境。

除了安装仪容镜，便于师生随时整理自己的仪表，我们还创新性地为孩子们安装了良好行为习惯"反省镜"。"反省镜"就是在卫生间最显眼的地方设置的温馨提示。我们的反省镜一共十条，前九条是那次学生座谈会的成果，以学生的视角发现的问题，找出的解决问题的有效策略。

（1）爱护卫生间内一切公物；

（2）大小便后自觉冲水；

（3）废纸与垃圾放入纸篓内；

（4）净水机内的水只用于饮用；

（5）用最少量的水洗净手；

（6）洗完手后立即关紧水龙头；

（7）光线充足自觉关灯；

（8）卫生间内不拥挤、不打闹；

（9）杜绝脏话，轻声讲文明话。

第十点的内容是"监督并提醒其他同学做到以上九条"，目的是培养学生的责任意识，不仅增强自律，管理好自己，还要监督、教育、提醒其他同学也做好。

　　"你们学校的卫生间内有花、有画、有提示，很温馨，特别是你们设置的'反省镜'很有教育意义，回去后我们也复制一下。"河南省郸城县北城区实验小学的周娟校长这样评价。

📖 践谈

　　"天下大事必作于细，天下难事必作于易"。意思是做大事必须从小事开始，天下的难事必定从容易之处做起。教育教学工作虽然琐碎繁杂，但对于每个学生的发展却极为重要，不容小视。作为一名教育工作者，除了言传身教外，在教学方式上，也应该要注意细节的把握。细节在生活中无处不在。我们要善于用关注的眼光去发现细节，用发展的思维去处理细节，那样我们会有无穷的收获！

关爱通道修建的那些事儿

师语

　　苏霍姆林斯基说："校长要和师生多沟通，多交流，多关心，多支持，相互尊重。"在很多人的印象中，校长是不苟言笑的人，甚至是严厉、严肃的。校长也是活生生的人，也是有感情的人。作为校长，最应该把师生放在心上，尊重每一个师生，关爱每一个师生，让每一个师生都能在校园里感受到尊重、快乐、幸福，这是学校发展的原动力，也是以人为本的最好体现。

　　"学校是我家，发展靠大家"。教师是学校的主人，学校的事就应让教师们说了算。教师是拥有教育智慧的人，学校的事就应由教师们来拿主意、做决定。

　　"我们至圣楼西门的通道是一个大斜坡，冬天下雪时，经常有学生和教师滑倒，存在很大的安全隐患，建议学校改造一下。"2016年3月的一天，我在校门口遇到王金英主任，她提出了这样的建议。

　　早在2015年冬天，我也意识到了这个问题。特别是在下雪或结冰时，西门的坡道确实很滑，从那里出入的师生走路都是小心翼翼的。

　　如何改造才更利于师生的出行？我们询问了专业人士，校务会成员也专门针对此事进行了碰撞交流。有一次，跟一位外地的资深校长交流起此事时，他说："这样的小事，你们还兴师动众，找专业人士咨询，还专门开会研究。这样的事，校长一句话就定了。看得出你们做事还挺认真的。"从改造工程的量上看，确实是一起小事，但从师生的需求和安全的角度来看，却是一件大事。

第一篇　团队协商成就好学校

最终采纳了由校务会讨论确定的方案，把西门改为了"关爱通道"：一侧是标准化的无障碍通道，另一侧是层高很低的宽台阶。这样就把易滑倒的安全隐患彻底排除了，师生出入西门也顺畅多了。

2017年，寿光市创建全国文明城市。在全国文明城市创建标准中，有一条标准是"学校各教学楼必须设有无障碍通道。"负责文明城市创建工作的李政校长，开心地说："看来，我们管理团队的眼光还比较超前，我们已经做好了高标准的无障碍通道。在这次调度会上，很多城区的老校在汇报时，才准备设立临时的无障碍通道，在这一点上我们没有任何问题了。"

静心反思，在关爱通道的修建这件事上，首先，是有教师愿意向学校提出这样好的建议。如何才能激发教师为学校的发展献言献策？我觉得要尊重每一位教师，让每一位教师觉得自己是学校的主人，学校的事情就是自己的事情。在一次全体教师会上，我曾跟全体教师谈到我自己的体会：把学校当成自己的家来经营，你就不会有任何怨言；把工作当成自己的私事，你就不会感到任何疲惫；把学生当成自己的孩子，你就不会感到任何心累。其次，是我们没有认为是小事，而是高度重视，并听取多方意见或建议。在民主的氛围中，更容易做成正确的事。

有了这样的体验，有了这样的工作思路，在接下来的很多的学校工作中，我们也采用了同样的办法。问题从师生中来，办法从师生中来，决定权也让给了师生。学校不应该是校长或几个管理者的学校，学校是教师和学生的学校，那么学校的事情就由师生说了算。

刚到圣城小学的时候，我就发现每个教室的门是填充式的轻型木板门，因为时间太久的缘故，很多的门出现损坏情况，几乎每个门上都有一个较大的锁洞。于是，经校务会研究，在资金特别紧张的情况下，用公开招标、分期付款的方式对教室的门进行整体改造。

用什么颜色的门更适合？我们采取了教师和学生投票的方式。厂家准备了不同的色板，在教学楼门厅内展示出来，让老师和学生依据自己的喜好，来选择教室门的颜色，现场非常热闹。热闹过后，师生填票时，我看到了很多负责任的眼神，很多学生在落笔时，也在努力思考，仿佛要做出一个很大的决定。我觉得，这个办法是成功的，最起码是让师生意识到了他们是学校的主人。

我们汇总了师生的选票，定好了门的颜色。"由这么多人来决定门的颜色，我们还是第一次碰到，不过选择的颜色，我们也觉得不错，并且这个颜色不会过时，很大气的。"参加招标的木门厂的责任人跟我们后勤主任交流着。

刚到学校时，有一次与袁学明校长转了一下所有的教师办公室，我当场提了一个问题："袁校长，为什么一个办公室内会有三四种不同的办公桌，甚至款式和颜色都不相同呢？""这是多年积累的结果，原来咱学校的教师少，用的办公桌椅也少。后来补充教师就补充桌椅，近几年来，没有统一更换过，只是每年都增加一些。每年办公桌总是跟随着教师本人走，每年暑假开学前，总有那么一两天要调整办公桌椅，教师很累，抱怨的多，并且对办公室的设施造成的破坏也挺大的。"袁学明校长看到我不解，就用心地跟我解释着。

不仅款式和颜色不同，而且有好多的办公桌椅维修了再维修。要想让教师用心做好立德树人的工作，就要改善教师的办公环境和办公条件。于是，学校师生服务中心的同志们先到世纪教育集团东城学校现场考察办公桌椅，然后去寿光富士木业的车间现场考察，最后通过招标确定厂家。校务会觉得一次性更换所有的办公桌椅，是一件大事，要做长远的打算，因此非常慎重。沿用我们既定的工作思路，既然是为老师们换办公桌椅，那么款式和颜色就由老师们说了算。于是，由懂家具的男教师定的材质和规格，由女教师确定的款式和颜色。

"平等和谐、教学相长"是学校的理念，也是学校的教风。平等才能和谐。这次更换办公桌椅，我们做到了所有的办公室、所有的教师、所有的校级和中层人员全部使用一样的办公桌椅。

在学校设施改造的过程中，我们校务委员会也定了两个不成文的规矩：一是学生的事让学生说了算，教师的事让教师说了算，学校的事让师生说了算。二是改造的顺序，首先改造涉及安全的设施，其次是涉及学生学习的，再次是涉及教师办公的，最后是涉及校长们的。我们是这样定的规则，几年下来，我们也是这样做的。我办公室内的设施除了更换了与教师一样的办公桌椅，其他都是我的前任温建生校长留下来的。

从学校关爱通道的修建这些事儿中，我更加深刻地领悟道"只有尊重、信任团队中的每一个人，才会激发每一个人主动想事、主动做事的积极性；只有发挥团队集体的智慧，才会把事情做得正确、完美"。

📖 **践 谈**

一所真正的学校，其实就是一个温情的校长带着一群有温度的人，干着一件温暖的事。做一个温暖的校长，热爱生活，珍惜周围的每一寸清新的空气，每一片洒在身上的温暖的阳光，善待身边的每一个人；做一个温暖的校长，安放好自己的心，群聚时不忘自我，独处时不惧寂寞；做一个温暖的校长，不仅停留在口头说说、心里想想，更重要的是言出必行；做一个温暖的校长，送温暖给我的学生、我的老师、我的家长，我也能得到成倍的温暖。

让学生站在学校中央

学校为学生提供了健康成长的机会，学校也让每名学生展示自己的优点，让学生成为教学中的主体，学校是学生成长的起点，也是学生展示自己的舞台。

学生今天可以站上学校的舞台，站在学校的中央展示自己，有了这个起点，他们才能够走向更广阔的天地！

有温度的教育，是让每一个学生都有出彩的机会的教育；有温度的教育，是能够让家长见证孩子的成长的教育。

让学生站在学校的中央，我们在行动！

校名由谁来题写

　　在教育中，我们应该在教学中让学生充分展示自我；教师要在教育中引导学生，让学生成为学习中的主体。学生是受教育者，更应该是自我教育者，只有让学生真正参与到教育中，在教育中实现自我成长，在人生的成长道路中找准目标和方向。

　　2019年正月初一，我在老家给长辈们拜完年，拿出手机刷微信，看到一条添加好友的消息：韩老师，我是刘承志，祝您春节快乐！

　　我立即加为好友，在微信上交流：

　　"谢谢，也祝你们全家人过年好！你是题写学校校名的刘承志吧？"

　　"是的，韩老师，是我。今年我读九年级了，每当路过学校门口，看到我题写的校名，对我都是很大的激励。今年寒假中，我写了一点感受，我妈妈鼓励我用微信发给您，请您给我指导一下，我从原来的班主任那里，要了您的电话，这才加您微信的。"

　　"好啊，发给我吧，你很用心，愿你像我们的校训一样，每天做更好的自己，相信你会越来越优秀的！"

　　不一会儿，我就收到了刘承志写的感受：

　　犹忆三年前，我望着由自己题写的校名被放到了学校的楼顶和校门口。那时，百般滋味涌上心头：激动、开心，但更多的是骄傲。当我题写的字被永久地挂起来的那一刻，我明白我的母校肯定的不仅仅是我的作品，还有我在这里度过的无悔时光。

每当我走过圣城小学门前，看到我曾经的作品，内心依旧会被回忆触动。现在的我已没有当年的激动，但那时的情感却被镌刻在我的心中，我将带着那份热爱，那份激情，续写我未来的人生。

时光荏苒，岁月如梭。我在快乐的小学六年里，圣城小学给予了我书声琅琅、欢声笑语。六年的生活在这里度过，我结识了很多同学，学习了很多知识，提升了很多能力，也拥有了很多成长的经历。老师们的谆谆教诲，同学们的善意帮助，一点一滴恍若昨日。

未来的路还很长，但我会像圣城小学的校训那样，每天做更好的自己，不断突破自我，不断成长。现在，我以曾在圣城小学学习过而感到自豪；将来，我要用我的努力为圣城小学争光。

刘承志同学写的感受，我认真地读了几遍，仿佛看到了一个小孩子拔节孕穗般的成长，仿佛看到了一个少年自信地阔步向前，仿佛看到了一个青年在岗位上建功立业。不知不觉，眼睛有点湿润。爱人看到我当时的情景，打趣地说："大年初一，又在看心灵鸡汤吗？你是不是看完，又要给我们娘俩来点'鸡汤'"。当我把手机转给她，她读后感慨地说："你们学校的这个孩子写的是真情实感。"

我的思绪一下子回到了三年前。

2016年初，我们想把学校的校名和校风、校训，以发光大字的方式呈现到至圣楼的楼顶上。这些字是用电脑字体，还是用手写字体，是请名家来题写，是请学校的书法教师题写，还是让我们的孩子来题写？校务委员会、学校文化策划团队展开了激烈的争论。

"用电脑字体吧，各种各样的都有，可选择规范一点的字体，这样显得正规。再说，我们看到的大部分单位的发光字都是电脑字体。"

"我觉得可以请一个书法名家来写，提升一下我们学校的文化内涵。"

"实际上，我们学校有好几位教师的书法，特别是正楷字写得不错，可以请他们来题写，也省去请名家的昂贵费用。"

"我们实施学本课堂，让学生成为课堂的主人、学习的主人，也提倡学生是学校的主人。虽然学生们的字略显幼稚，但是可能会有更好的效果。"

围绕校名、校训、校风的题写，我们进行了一周多的讨论、研究，最后敲定，让学生来题写，目的就是让学生感受到他们是学校的主人，也给所有的学生树立榜样。

接下来，学校组织有书法特长的学生进行了海选，确定了十几个候选人，人人现场书写校名、校训和校风，由评委老师当场点评划分。最终确定由六年级的刘承志同学书写校名，由五年级的刘奕萱和李文清分别书写校训和校风。

就在校训"每天做更好的自己"楼顶发光大字亮起的第三天，五年级的刘奕萱的妈妈专程找到我，把孩子刚写成的一篇习作送给我，并说："学校让孩子们来书写校名和校训、校风，对孩子而言，其意义太大了，感谢学校的用心！"

今天与往常一样，我背着书包踏进学校，看到同学们在校园里驻足观望，"每天做更好的自己"黑色的欧体大字隽秀而端庄，"刘奕萱"署名在我眼里显得格外醒目、耀眼。同学们用各种眼神看着我，有惊奇，有疑惑，当然更多的是羡慕，我用手捂住自己的嘴，像要堵住自己的快要蹦跳出的心，这突如其来的惊喜让我不知所措，就三步并作两步地走进教室，我高兴得一蹦三尺高。

仅仅几个字，就引来了同学们的羡慕。我想，只有大书法家才能有的事，居然落在我一个小学生身上。这仅仅是几个字？不是的！这里面不光有学校给我提供尽显技能的空间，更渗透着韩校长的教育理念：永远把学生放在第一位。我爱你——圣城小学。

看着刘奕萱的习作，我知道我们团队的决定是正确的了，我相信不仅会激发这个孩子的上进心，也会带动起越来越多的孩子，注重特长发展和个性发展，我希望看到更多的"刘承志""刘奕萱"。

2016年暑假，我们把由刘承志同学题写的"寿光市圣城小学"的校名，放到了学校门口东侧的墙上，并在显眼处署上了他的名字。从那以后，几乎每一个来到圣城小学指导、观摩的领导、专家和教育同仁，对圣城小学的最深的印象可能就是：这所学校的校名是由学生来题写的。

什么是教育？柏拉图的《理想国》有很大篇幅讲教育。他曾用他的老师苏格拉底的话说，"教育是从一个洞穴中把囚徒的灵魂引出来往上升，达到真实之境界"。他这个比喻很深刻。人在没有接触教育的时候是蒙昧的，就好像被关在一个洞里，教育就是把他的灵魂引出来、往上升，达到真实之境。

教育不是一些名词、术语、概念，而是要成就、发展一个一个鲜活的生命。教育说到底是为了让每个"人"都更美好。

教育的根本任务就是"立德树人",最终的落脚点就应该是学生,应该让学生成为学校的主人。这个"主人"的身份,不是不加约束的成长,更不能漫无目的地成长,关键是学校给学生创设自我成长的平台和机会,让学生在环境中感受、体验、醒悟,形成成长的自觉性和主动性,这样的"主人"才是合格的。

学校文化为谁设计

师语

晋朝的傅玄在《太子少傅箴》中写道："故近朱者赤，近墨者黑；声和则响清，形正则影直。"加拿大的著名学者、幽默散文家斯蒂芬利考克教授在《我见之牛津》中深有感触地说："对学生真正有价值的东西，是他周围的生活环境。一切他真正学到的东西，从某种意义上来说，是靠他自己智力的积极活动，不是作为被动地听讲而学到的。"向人们揭示了校园生活和学校文化在人才培养中的重要地位和作用。

什么是学校文化？通过两次现场聆听北京师范大学张东娇教授关于学校文化建设的报告，我很受启发。她认为学校文化是学校物质文化、精神文化、制度文化、管理文化、课程文化和行为文化的有机统一体，反映了学校的办学理念（如校训、校风、教风、学风等），是对学生进行品德教育的一个重要组成部分。但所有这些，只有在转化成学校师生的内在需求和正确的价值取向，外显为师生共同的处世原则和行为方式后，才可称之为真正意义上的校园文化。可见学校文化是一种精神，也是一种氛围。

无论什么样的学校文化，都应该建立在"环境育人、文化育人"这个共性之上，真正起到"以文化人、以文育人"的作用。否则，所有的学校文化建设都将偏离"以人为本"这个中心，不能切实发挥出学校文化的积极作用，更不可能形成系统的学校文化。

2015年11月，圣城小学文化策划团队经过反复研究，广泛征求学生、教师、家长和社区人士的意见与建议，逐步确立了学校的精神文化。如何把隐性的精神文化外显，建好学校物质文化，让师生每天耳濡目染，起到以文化人的作用。这个问题的关键，说到底就在于学校文化到底为谁设计，到底是给谁看。

那时，学校的校名和校风、校训这些标识已全部由孩子们书写并呈现到位，并且得到寿光市教育局领导和教育同行、家长们的一致认可。学校文化为谁设计？由谁来扮演主角？基本上有了答案。但是我们仍然在校务会上进行了专题研讨，也是从那时起，"让学生站在学校中央"的核心办学理念逐步形成。

学校的办学理念是"让学生站在学校中央"，学生是学校的主人，学校文化的主角就要让学生来演，学校文化就是为学生、教师设计的，让所有的师生在学校文化的熏陶中健康快乐地发展。

学校文化为谁设计？有了明确的答案，但是用一条什么样的主线，把看似零散的东西串起来呢？对于学校文化的统领问题，我们走过了比较长的思考之路。

东西南北中，党政军民学，党是领导一切的。各级各类学校都要高度重视学校的党建工作，党建是统领。学校的顶层设计是"圣贤教育"。如何把学校的党建工作与圣贤教育的顶层设计有机融合，我们管理团队思考了很多，开了几次专题研讨会，也通过网络向党员、教师、家长委员会成员征集，但都感到不理想。

市教体局主任科员刘福昌主任经常来校调研、指导，并为学校的发展提供了很多好的建议。一次，他来校指导，我就把我们管理团队的思考与困惑和盘托出。他只说了一句"我思考一下哈"！

回到市教体局办公室约半小时，他就用微信发来了消息：你们学校的顶层设计是圣贤教育，学校党建要与中心工作相融合，你们的党建品牌和德育品牌合二为一，就叫"崇圣向党"怎么样？

就这样，"崇圣向党"成了我们的党建品牌。"崇圣"是指尊崇古代圣贤，弘扬中华优秀传统文化，开展圣贤教育，坚持知行合一，学以致用，培育师生的家国情怀。"向党"是指坚持社会主义办学方向，以革命文化和社会主义先进文化推动核心价值观的践行，弘扬改革创新的新时代精神，培养爱党爱国爱人民的合格接班人。

确立了学校文化建设的主线，我们的思路就清晰了。围绕"崇圣向党"

品牌，我们站在学生的视角，营造了主题校园文化。学校党支部在校园内建成了体现中华优秀传统文化、红色革命文化和社会主义先进文化相融合的"崇圣向党"主题雕塑。

在党员导师的辅导下，以学生的视角，用学生的作品制作完成了五大主题校园文化。

一是"崇圣向党·圣贤少年"。用优秀少先队员的书法、绘画、学科思维导图等制作主题展板，让学生们始终感受到自己才是学校真正的主人。在圣贤广场的西侧，我们设立了十二个主题展板，内容定期更新，每个展板每期展示一个学生的作品，目的是让每一个有特长的学生都有展示的舞台和施展的机会。在第十一期中，展出了由党员导师牟怀智辅导的石柯宁的画作，石柯宁是一个活泼、爱笑的女孩，在国画方面有兴趣和特长，她展示的牡丹、菊花、春韵、春信、秋叶、冬梅等国画作品，风格柔和、笔法细腻、栩栩如生。由优秀党员导员吕新英辅导的贾晓润，用各式各样的创新的思维导图，把正负数、分数等知识体系惟妙惟肖地展示出来。

二是"崇圣向党·践行价值观"。24字的社会主义核心价值观，由少先队员用自己的视角，按自己的理解，以图文并茂的方式进行呈现，并且我们采取了通过不同年级、不同班级的学生合作的方式来完成。例如，关于"平等"的解读，由五年级一班的梁晓娜书写的：我有一个梦想，人人生而平等。贫穷或者富有，英俊或者丑陋，健康或者残疾，老人或者儿童，老师或者学生，人人生而平等。配图由五年级四班的刘浩宇完成，配图中一个残疾儿童一起参加钢琴比赛并获奖，坐在轮椅上领奖的他，与两旁的两名儿童一起笑逐颜开。

三是"崇圣向党·爱我中华"。制作前，我在市关委领导的带领下，专程到聊城一所小学学习"国史党史进校园"的先进做法。回校后，召开了一次中、高年级学生的座谈会，了解了学生们对"党史国史"的认知现状，也了解了学生们喜欢的学习方式，最终我们以图文并茂的方式，把中国从1840年鸦片战争到今天进入中国特色社会主义新时代的发展历程，把中国共产党从成立到十九大的发展历程全景式展示出来，让师生们在耳濡目染中知党史、懂国史、感党恩、爱祖国，并把寿光的党史进行展示，培养学生们的家国情怀。

四是"崇圣向党·孝德先行"。中华优秀传统文化中的二十四孝，孝感动天、亲尝汤药、扇枕温衾、卧冰求鲤、恣蚊饱血等故事，引领着一代又一代中华儿女孝亲敬老。为了适应新时代的发展，让广大少年儿童受到更好的孝道教育。由寿光市文明办广泛征集意见，出台了现代版的"寿光新二十四孝"。我们站在学生的视角，让学生们自己思考、理解，用书法、绘画的方式制作并完成了具有学校特色的新二十四孝。比如，第一孝是饮食择优。要求子女要确保给父母足够的赡养费，供给所需食品，让老人饮食从优，以求健康。五年级八班的张苑倪用一幅儿童画来解读：画面上妈妈给爷爷奶奶准备了一桌丰盛的午餐，妈妈高兴地忙碌着，爷爷奶奶开心地坐在桌前享用。六年级八班的黄姝菡用毛笔精心书写了"老人身体是关键，饮食讲究营养全，蔬菜水果巧搭配，戒烟戒酒乐天年"。六年级九班的李佳用钢笔工工整整地书写了"儿女们要合理安排老人的饮食，做到少食多餐，少荤多素，少盐多醋，让老人们健康快乐地欢度晚年"。我们把这三名同学的字、画拼在一起，就形成了独具特色的新二十四孝的解读，其他的"寿光新二十四孝"的内容也采取同样的方式呈现。

五是"崇圣向党·落地生根"。面向全体师生、家长开展"五好"评选活动，即每年评选表彰好少年、好老师、好家庭、好媳妇、好女婿。在新建的新时代文明实践长廊中，我们每月展示月度人物：文明学生、文明教师、文明家长。

学校文化是学校发展的灵魂，学校文化对师生的世界观、人生观、价值观产生着潜移默化的深远影响，而这种影响往往是任何课程所无法比拟的。

践 谈

适合的才是最好的。一所学校的文化理念一定要"接地气"，要符合学校风格，能体现学校个性，是师生所认同、尊崇和发扬的，源于"校本"而又引领学校文化发展。无论是学校历史传承下来的，还是老师们的草根创作，又或是借用经典，等等。这并不重要，最重要的是"适合"。

第二篇　让学生站在学校中央

圣贤学堂开课了

师语

　　台湾作家龙应台说："人本是散落的珠子，随地乱滚，文化就是那根柔弱又强韧的细丝，将珠子串起来成为社会。"我认为，校园文化就是以校园环境和活动为主要内容的那一根"柔弱又强韧的细丝"，是学校发展进程中逐步积淀下来的特有的教育标识。作为校长，必须要树立作为校园文化建设"第一责任人"的强烈意识，让校园文化成为引领学校成长的核心发展力。

　　2016年暑假前，学校准备对阶梯教室进行改造，面向老师们征集改造建议。"韩校长，我提个建议好吗？咱们的阶梯教室在改造时，能否装饰成传统文化风格，也就是中式风格，可以做成一个道德大讲堂，师生们一起诵读经典。这样既能做会议室，也能做读书室，实现一室多用。"王金英老师提出了一个很好的建议。

　　师生服务中心采纳了这个建议，把阶梯教室装饰成了中式风格，以红色为主色调，顶部安装了古色古香的传统风格的灯，舞台上配备了高档的LED大屏。学校的顶层设计是圣贤教育，学校正在进行学本课堂教学的改革，阶梯教室的作用不仅用于各类会议，师生们将定期在这里诵读经典，分享读书心得，学习做人、做事的道理，因此我们把阶梯教室更名为"圣贤学堂"。

　　2016年9月26日晚，圣贤学堂举行了启动仪式，我们邀请了原寿光市政协主席、市关工委主任、市传统文化宣教中心王茂兴主任致辞，寿光市教育局副局长董有才参加启动仪式。王茂兴主任从为什么立德树人，如何立德树人以及教育师生、家长在生活中如何行孝等方面，结合具体的案例进行了细致的阐述。李政副校长代表学校做了"诵经典启智慧"倡议书，提出了学校的"做现代圣贤之师、育现代圣贤之人"的目标，并成立了圣城小学"经典读书会"，每周三晚在圣贤学堂举行，面向社区、学生、老师和家长公益开放，不设任何条件或门槛。

在启动仪式上，郑州新世纪课程研究院的刘向东院长给我们的师生做了一场公益报告，他的《中华道德根经典诵读》报告深入浅出，让师生了解了"中华文化的源头活水，发源于伏羲，发展于黄帝，完善于老子，细化实施于孔子，中华文化的基因是道根德干"。他提出，通过诵读帛书《道德经》《论语》等经典，可以让师生内化于心，以立德树人为原则，以修身、明德为根本，师生或亲子集体共读，并长期坚持，就能培养一大批德才兼备的人才，这与圣城小学的育人目标也是一致的。

启动仪式后，王茂兴主席充满激情地对我说："现在我们国家正在大力弘扬中华优秀传统文化，我们寿光有经典读书会，希望圣城小学给全市带个好头，办好圣贤学堂，让广大的学生、教师、家长和社区人士都来读经典书、学传统文化、做有道德的人。"董有才局长也殷切地嘱托说："诵读是修身学习的良方，咱们圣城小学要把中华优秀传统文化的弘扬与立德树人的根本任务相融合，做出学校的特色。"

"大学之道，在明明德，在亲民，在止于至善……"从那以后，每周三晚上，圣贤学堂内，座无虚席，经典诵读志愿讲师王金英等带领大家诵读《大学》《论语》等经典，社区群众、家长、学生和老师齐聚一堂，共同诵读经典，浸润心灵。"每周三晚上的圣贤学堂都很热闹，因为对学生、家长、教师和社区人士公益开放，学校还不断邀请国学大家到校分享，故在培养孩子的同时，也带动了家长和社会各界人士一起诵读经典诗书。"优秀党员导师、负责德育工作的副校长李政面对记者的采访如是说。

到2019年6月，圣贤学堂已举办56期，有8500多人（学生、教师、家长和社区人士等）先后来到圣贤学堂读经典书，分享读书心得。来圣贤学堂的人员中，年龄小的不到四周岁，年龄大的有七八十岁的老人，他们一起读书、一起学习、一起反思、一起分享、一起成长。

2018年的一个周三的傍晚，我在校门口遇到一位奶奶，她领着一个小姑娘，奶奶非常焦急地问我："老师，今天晚上你们的圣贤学堂不开课吗？""学校因为有活动，暂时取消了今晚的课，你们没有从微信中收到通知吗？"后来才了解到，这个小姑娘叫韩冰艳，在城东的一所幼儿园上小班，她妈妈在圣城小学西侧的职工医院上班，妈妈听说每周三晚上圣贤学堂开课，于是每周三晚上小姑娘就与奶奶一起来读书。因为没有在圣贤学堂的微信群内，所以没有收到通知。与这祖孙俩交流的过程中，我特意问了小姑娘，也让她进行了长时间的背诵。让我特别惊奇的是她把《弟子规》一字不错地全部记熟，圣贤学堂发的2000多字的积极向上的正能量文章，她也好像全部认识一样，从头读到尾，实际上我知道她应该不会识很多字，我相信这个从小就爱读书、特别上进的韩冰艳会是特别优秀的。

为了保证师生和家长晚上学习的安全，我只要没有外出活动，就参与圣贤学堂的读书分享活动，自己也非常受益。有一次，活动结束后，三年级二班的高一冉的妈妈跟我说："我们家孩子从二年级开始诵读经典，让我感受到孩子成长的一件事是，有一次我嫌孩子奶奶溺爱他，和他奶奶说话口气重了点，他竟然用《弟子规》中的话来提示我：尊长前，声要低。并且很严肃地对我说，我认为你今天做得不好。我听了孩子的话，当即向奶奶道歉，孩子这才开心起来，我想这可能就是我们圣贤学堂教育的效果吧！"

在一次读书分享交流活动中，王鹏宇的爸爸说："学校开设的公益圣贤学堂非常好，我和孩子每周三都会来到这里听老师讲传统文化。作为当代人，就应该多读传统文化书籍，每次来到圣贤学堂，都会感受到浓浓的读书氛围，陪着孩子一起来读书也给孩子做了榜样，相信读得多了对他的性格和学习都有帮助。"赵晓旭的奶奶快七十岁了，当她走上讲台分享时，全场爆出热烈的掌声。她激动地说："学校组织孩子们读经典书，我觉得很好，每次我都陪着孙女来，她学我也学，学做人、做事的道理，我盼着学校把这个学堂越办越好！"

我们是非常幸运的，市关工委的王茂兴主席先后九次来到圣贤学堂为孩子、为家长、为老师们讲优秀传统文化，市关工委的刘来源主席、李海梅老师、潍坊市好德国学院李芳院长等六位专家来校讲课，并且都是公益讲座。

我们是非常幸运的，圣贤学堂的开办，引起了各级领导的关注。原国家安全部副部长高以忱来校调研指导，对学校给予高度评价，并希望"学习优秀传统文化，要引导师生知行合一、学以致用"。中国关工委主任、全国人大原副委员长顾秀莲主任在圣贤学堂观看孩子们的经典诵读展示后肯定地说："学校的德育工作和美育工作做得很好，值得推广学习！"

我们是非常幸运的，因为我们开办圣贤学堂，因为我们高度重视中华优秀传统文化的传承和弘扬工作，孔子学堂落户学校，学校被评为中华优秀传统文化教育基地学校、全国校本德育创新联盟基地学校，获得"山东省首届文明校园"称号。

我们还是非常幸福的，圣贤学堂成了学校利用率最高的场所之一，市、县两级的几次课程教学现场会在这里举行，师生的读书分享交流会、学生的综合素养展示活动、百家讲坛式的教师成长分享会、各类节日表彰及庆祝活动，甚至教师子女的婚礼现场都在此举办。

践谈

文化是载体，文化是希望，文化是基石。希望在校园这块快乐的净土之上营造出一种充满生命气息的文化氛围，让学校成为师生舒展心灵，放飞想象的理想处所，让师生用智慧启迪智慧，用人格塑造人格，让自己的生命之光与被点燃的知识火种交相辉映，让文化这根"柔弱又强韧的细丝"串联文明、缔结理想。

曹文轩来咱学校了

美国著名作家弗格森说："每个人都守着一扇只能从内开启的改变之门。"在儿童阶段，孩子是处在这道门之外，作为教育工作者，重要的职责就是帮助孩子推开这道成长之门，使其感受到门外世界的精彩，认识到生命的价值。从这个意义上讲，我们每一个老师都是开门人，打开成长之门，让孩子享受人生精彩！

"两周前，语文老师告诉我，11月24日，我们同学们都喜欢的大作家曹文轩要来咱们学校了。我们崇拜的曹文轩老师要来给我们讲写作，我简直不敢相信自己的耳朵。我每天都数着日子，希望这一天能快点到来。"学生郑普元在习作中写道。

学生朱泓宇在日记中写道："《草房子》的作者曹文轩爷爷要来咱们学校了！当董老师把这个好消息告诉我们时，同学们都沸腾了，大家欢呼起来，'我读过他的《山羊不吃天堂草》，我觉得《青铜葵花》最好看，我喜欢读《根鸟》……'大家叽叽喳喳地讨论起来。"

为了激发孩子们爱读书、读好书的热情，打造书香校园的浓厚氛围。我们一方面建设了十几个图书阅读区，改建了150米长的读书长椅，把图书室中适合孩子们读的书放到室外阅读区，让孩子们触手可及，让孩子们一走进校园就仿佛置身于图书馆中；另一方面我们邀请了国学专家和教育名家来校为孩子们办讲座，六位国学专家来校分享经典学习，辫子姐姐郁雨君来校分享阅读与写作的故事，小记者们与少儿作家杨红樱、中央电视台少儿频道主持人鞠萍进行面对面的交流。

我通过一个朋友联系上曹文轩老师。在师生的热切期盼中，2017年11月24日下午，著名儿童文学作家、国际安徒生奖获得者曹文轩老师来到圣城小学，他为师生们带来了《推开写作之门》的精彩报告，孩子们看到自己所崇拜的大作家来到现场，高兴劲就甭提了。

曹文轩是中国获奖最多的儿童文学作家，他创作的《草房子》《青铜葵花》《火印》以及"我的儿子皮卡"系列感动了大量中国读者，其作品曾被译为多国文字。"国际安徒生奖"评委会主席在给他的颁奖词中写道："用诗意如水的笔触，描写原生生活中一些真实而哀伤的瞬间，树立了孩子们面对艰难生活挑战的榜样。"儿童文学评论家汤锐锐这样评价《草房子》：桑桑的淘气、富于幻想、精力旺盛和不谙世事，就像一轮喷着彩色光芒的朝阳，他在你面前蹦跳着、笑闹着，宛如一个生气勃勃的儿童在你面前跳跃着、喧闹着。作者写活了一个男孩精灵。

在《推开写作之门》报告中，他首先给孩子们讲了一个故事：西班牙大草原上的一个小男孩挖金子的故事。通过这个故事，他送给孩子们的第一句话：财富不在远方，财富就在我们自己的脚下。他通过自己的经历告诉孩子们，身边发生的任何事情都可以成为自己写作的财富。让孩子们明白了，写作并不难，写作并不是无物可写，发生在自己身边的点点滴滴，经历过的所有事情，都是宝贵的财富，都是写作的素材，就看自己有没有去用心观察、思考并付诸笔端。

他送给孩子们的第二句话：未经凝视的世界是毫无意义的，这个世界只属于那些细心的人。比如墙上有一个黑点，你不留心它，它只是个黑点。如果你细心观察它，它可能是一匹马，还可能是任何东西。看来，要提高写作水平，就要求我们有一双善于发现、观察的眼睛，有一颗认真思考的心。

他送给孩子们的第三句话：好文章离不开折腾。他用《我的儿子皮卡》的故事为例，就一丁点儿的事，经过反复来回地"折腾"，就变成了一个生动有趣的故事。为了便于孩子们理解，他还分享了一个童谣"我有一分钱，可以去苏联；苏联老大哥，给我买支笔。什么笔？毛笔。什么毛？羊毛。什么羊？山羊。什么山？高山。什么高？年糕。什么年？1958年吃饭不要钱"！逗得全场的孩子们哈哈大笑。他说，这首童谣是为了写"1958年吃饭不要钱"！可是却不是直接写出来，而是反反复复地折腾，这样文章就变长了，也变得更生动有趣了。

他通过"狼来了"的故事，告诉孩子们创造的自由是无边无际的，想象力是造物主给我们最好的财富。他还告诉孩子们要牢记"写作是支箭，阅读是把弓"，写作是阅读的结果，要认识到读书的重要性，要推开写作之门，必须认真用心地阅读。

曹文轩老师用通俗易懂、幽默风趣的话语赢得了师生们现场热烈的互动。一个半小时的报告结束后，孩子们拿着自己家中有的曹老师的书，纷纷来台上请他签名，他开心地与孩子们合影留念，我们的孩子们都成了他的"小粉丝"。

一石激起千层浪。一场报告不仅让孩子们成了曹文轩老师的粉丝，而且激发了孩子们极大的阅读兴趣，在圣城小学掀起了一股关于曹文轩作品的阅读热潮。

"曹粉们"给我们带来了很多惊喜：听完曹老师的精彩报告，我心里更崇拜他了，我成了他的"铁粉"，他让我知道了如何去写好一篇习作，如何去观察生活的点点滴滴，心里想着以后不管在生活还是学习中，我也要做一个善于观察的人，做一个细心的人，做一个爱读书、有才华的人；曹老师给我的亲笔签名，让我激动而又惊喜，激励我以后一定要好好读书，读好书，爱上阅读，爱上写作，像曹老师一样写出更多更好的文章；我感觉写作文不再是一件枯燥乏味的"苦差事"，而是生动、有趣的"开心课"了，我越来越喜欢写作了；我很喜欢看他写的书，今天听了他的讲座，我更加崇拜他了，他说的每一句话都深深地刻在我心里，我对读书的热情更浓了。

一个人的一生中，跟什么样的人在一起很重要，遇到什么样的人也很重要。经常听到家长说起"我的孩子很喜欢他的英语老师，原本稍弱的英语现在却成了强科"，类似这样的话语。在学校里，遇到一个好老师，可能就会喜欢上一个学科，甚至改变学习的轨迹。在生活中，崇拜一个人，可能会爱上一个行业，甚至改变生命的轨迹。

但愿曹文轩老师的《推开写作之门》，能推开孩子的喜欢阅读的大门，能打开孩子热爱写作的大门。一次家校联谊会结束后，单佳琪的爸爸碰到我，跟我说："前几周，孩子听完曹文轩老师的报告后，对她影响很大，那天晚上跟我说了好长时间，周日就让我带她去书店，一次就买了5本曹老师的书，每天放学后就读，我们心里特别欢喜。学校以后多请一些孩子喜欢的老师来讲课就好了。"

"思路决定出路，眼界决定境界。"圣城小学的小记者们，每个周末、节假日在日报社大记者们的带领下，深入工厂、企业、社区，与各行各业的人们接触，慢慢提升了他们的境界，不仅积累了写作素材，更重要的是学会了如何观察和思考。

📖 **践 谈**

学生的健康成长是教育最好的校验石。教育面对的是活生生的人，是一个个鲜活的生命个体，他们有自己的理想和目标，有自己的个性和差异，在教育过程中，尊重差异显得尤其重要，挖掘潜能，让每一个学生认识到自己的价值，享受到属于自己的精彩人生！

国旗下讲话变形记

师语

　　日本作家村上春树说："仪式是一件很重要的事。注重仪式感的人，即便生活枯燥乏味，也可以把日子过得阳光灿烂。"千百年来，中国一直是一个很注重仪式的国家。仪式除了有一定的程式外，更重要的是有心的介入，能传递一种价值观念和情感。仪式感的力量，在于"塑造"，而不是"灌输"。通过日常固定的小举动，渐渐形成对生活的理解，这是一种慢养育的力量。

　　每周一早上，第一节课前的十五分钟，两个年级的学生站在教学楼前，这两个年级的学生和班主任参加，首先行少先队礼、听国歌、看国旗升起，然后由一名老师进行简短、随机的国旗下讲话，这就是我观察到的每周必有的活动——升旗仪式。

　　"为什么只有两个年级的学生参加升旗仪式呢？"我向有关人员问道。"咱们学校学生多，面积小，升旗仪式若是所有班级都参加，一是很难组织，二是上下楼存在很大隐患，并且没有很大的效果，就是例行公事而已。"

　　我很理解有关科室的苦衷：担心学生上下楼安全，害怕耽误第一节课，省得组织起来麻烦，并且一直都是由部分年级轮流参与升旗仪式。

　　升旗仪式是对学生进行爱国主义教育、落实立德树人根本任务的重要途径和方法。庄严、隆重的升旗仪式上，唱起催人奋进的国歌，看着冉冉升起的由革命先烈染红的五星红旗，教师或学生的恰当的国旗下讲话，这些都能激发师生们强烈的爱国主义情怀。

国旗下讲话是学校对学生进行思想政治教育的重要方式，是学校每周的一件大事，学校应充分发挥国旗下讲话的育人功效，促进学生的健康成长，使其成为学校德育工作的重要阵地。

于是，"如何更有效地做好升旗仪式，如何创新性地做好国旗下讲话"？成了一次校务委员会研讨的主题。很快达成一致意见：由部分学生参加变为全体师生参加；由上午第一节前变为周一上午大课间，保证时间的充分；由教师唱主角变为中队或者少先队员唱主角；国旗下讲话由随机式变为主题式，按照各类节日进行系统规划；组织形式由单一变为多样。

一、升旗仪式成了各类节日的"全景展示"

学生成长中心在学期伊始，就把中华传统节日，例如，元宵节、清明节、端午节、重阳节、中秋节等；各类法定纪念日，例如，三八妇女节、五一劳动节、五四青年节、七一建党节、教师节、十一国庆节等；世界法定的纪念日，例如，植树节、世界环境日、世界水日、世界地球日等，按时间顺序做成主题式的升旗仪式的内容。

一年的主题式升旗仪式串起来就是各类节日的全景展示。4月5日，我们举行了隆重、庄严的"清明祭英烈"主题升旗仪式。五一中队任春晓在《清明节，踏着烈士的足迹前进》主题演讲中，号召同学们在学习生活中，脚踏实地、勤奋地去实现革命先辈们为我们描绘的美好蓝图。任春晓的妈妈作《缅怀先烈，珍惜生活》主题演讲，让同学们明白了缅怀先辈的同时，要记得尊重、孝敬父母。五一中队的郭韶涵、杨怡平、唐宜民、王晨旭四位少先队员朗读《腾飞吧，祖国》。通过教师、学生和家长一起参与的主题式升旗仪式，全体少先队员和老师们进一步了解了清明节的由来，了解了清明节的习俗，培养了学生的爱国情操，让学生明白了应该将对革命先烈的缅怀感恩落实到具体的学习、生活当中，懂得珍惜，学会感恩，奋发学习。

二、升旗仪式成了党史国史和传统文化教育的平台

我们圣城小学实施圣贤教育，将中华优秀传统文化、红色革命文化、社会主义先进文化相融合，打造了崇圣向党主题雕塑，制作了"党史国史进校园"系列主题文化。我们利用主题式升旗仪式对学生进行党史国史教育和中

第二篇　让学生站在学校中央

华传秀传统文化教育。于2017年9月1日上午的大课间，"循圣贤足迹，做美德少年"主题升旗仪式暨开学典礼在圣贤广场举行。我给全体师生讲了国旗的由来、红领巾的由来，讲明了学校"培育现代圣贤之人"的育人目标，倡议全体师生学习、弘扬中华优秀传统文化，学党史、知党情、报党恩，做新时代的美德少年。然后是全体教师面向学生，进行庄严的教师宣誓。接下来举行的拜师礼，全体学生面向教师正衣冠，向老师们深鞠躬，行拜师礼。最后全体学生面对国旗，庄严宣誓，努力做一名合格的小学生。参加主题升旗仪式的家委会主任孙德华说："这样的升旗仪式，对孩子们的教育是深刻的；这样的升旗仪式，既有思想性，又有仪式感，对孩子们来说可能是终生难忘的！"

三、升旗仪式成了每个中队或少先队员的素养展示

升旗仪式上学生唱起了"主角"，真正落实了"让学生站在学校中央"的核心办学理念。每一次升旗仪式，都是由学生轮流主持。每一次升旗仪式，都是由每个中队轮流展示。展示的形式更是多种多样，有主题式演讲，有团队汇报表演，有情景剧，还有相声、小品、快板等形式。升旗仪式成了每个中队展示班级风采的舞台，班主任和任课教师格外重视，在此过程中，提升了学生们的综合素养。

四、升旗仪式成了各类学生活动表彰奖励的典礼

2016年，学校的乒乓球队代表寿光参加潍坊市乒乓球比赛，拿到了乙组团队冠军和丙组团队亚军。我提议，在升旗仪式上，对取得佳绩的同学们进行表彰奖励。结束后，我现场"采访"了一下获奖的二年级小同学，"我们特别开心！""为什么是特别呢？你们在比赛现场领奖时不是特别开心吗？""校长，你不知道，在比赛现场领奖时，只有很少的同学和老师，并且都不认识我们。而这次领奖，是在全校这么多同学面前，我们班的同学这次都知道我领了奖，所以我特别开心！"

我一下子明白了，每一个人都期望得到自己认识的人的鼓掌和喝彩。从那以后，不论是在市级阳光体育运动会，还是在市级各类学生综合素养展示、各类技能比赛活动中，对取得成绩的同学们，我们都利用升旗仪式进行团队式表彰，目的就是让每一个有特长的学生都有展示的舞台，让每一个在

各类活动中取得成绩的学生都能"露脸"。

升旗仪式还成了各类活动的总结表彰会。学校利用升旗仪式，公示上周班级量化情况，对文明班级、文明级部进行总结表彰；每月组织一次"习惯养成·十星闪耀"总结表彰活动；每年的读书节、体育艺术节的总结表彰也利用升旗仪式举行。我们的目的就是让获奖的团队、个人都能在全体师生面前"露脸"，让每一个人、每一个团队有最大的成就感、荣誉感和价值感。

五、升旗仪式成了鼓励教师专业化成长的舞台

不仅学生们需要鼓励和喝彩，我们的老师们同样需要掌声和鲜花。每次的教学能手、学科带头人、教师基本功大赛结束，我们都会利用升旗仪式，由校务委员会成员隆重宣读表彰决定，校务委员会成员为获奖的教师赠送鲜花，全体师生为他们送上最美的掌声，这成为圣城小学老师们最大的荣耀。这几年，圣城小学教师团队的专业化成长发展迅速，学校涌现出一大批成'家'的教师；有26人被确定为潍坊市立德树人标兵；2018年有10位青年教师参与教学能手的评选，全部以优异成绩获得教学能手的称号。这些成绩的取得，应该与由我们创设的鼓励教师专业化成长的舞台有关。

有时，转变一下观念，改变一下方式，创新一些做法，就会让"例行公事"的升旗仪式和国旗下讲话，变成师生们喜欢的仪式和活动。国旗下讲话的变形，换来了意到不到的教育效果，也成了我们学校的特色课程，有很多省外的教育考察团全程参与我们的升旗仪式，纷纷表示也要借鉴学习。

📖 践谈

一所好学校，应当是一所富有仪式感的学校。在那样的校园里，总有一些别样的东西，在熏陶着，在濡染着，在觉悟着，在荡涤着，在憧憬着，在激越着，在感召着，在舒展着。而这些东西，总是蕴含着学校的价值追求与教育意向。完全可以相信，成长在这样的校园里的学生，在他们的生命里，定然会有一片亮丽、温暖、永不褪变的底色。

一场出人意料的素养展示

师语

　　巴尔扎克曾说过："信任是消除担心的基础。"但很多时候，我们都是打着所谓的经验感觉的旗号，带着怀疑的目光去审视别人，殊不知，多少教育的契机却被我们一次次地错过。其实，好多时候，需要我们大胆尝试，从心底里信任学生、信任老师，因为，信任是一种力量，是一种鞭策，是一种鼓励，只要在师生心中播种信任，必将会收获不一样的精彩！

　　2019年3月6日，全市小学教学工作会议举行，小学教科研中心的每一位教研员就2018年教学视导中发现的亮点进行了点评，对新学年小学教学工作的总体思路进行了安排部署。

　　"这次会议，咱们圣城小学成了亮点中的闪光点，这是学校教师团队付出努力的结果！"会后范则超主任跟我交流着。在这次教学会议上，市教科研中心特意为圣城小学和洛城新区实验小学进行颁奖，因为这两所学校被评为潍坊市中小学双改特色学校，并且成绩均列为潍坊市前茅。杨振华主任点评道："在教学视导中，我们视导组在圣城小学看到了一场别开生面的、精彩纷呈的学生素养的展示，这是我们所走过的学校中唯一全面展示学生素养的一个学校。"

　　2018年10月底，课程教学中心的张海艳校长和孙文正主任来到我办公室，汇报本年度教学视导的准备思路，提出了展示学生各学科综合素养的建议。"时间有些紧，学校的活动较多，准备一场学生素养的展示能来得及吗？"我是有些担心和顾虑。"我们试一下吧，一来是展示我们的学生成长成果，二来也可以为明年的各学科素养的展示提前备战。"看到他们的坚持，我就把这件事定了下来。

课程教学中心拟好通知，只有不足三周的准备时间，学校采取了"放、管、服"的原则：所有的活动组织权限全部下放到级部，由课程教学中心协调管理，由学校做好物品、道具等服务工作。

因为以前没有组织过这么多学科的综合素养的展示，也没有完全放手给级部，我的心里还是有些不放心。直到视导的前两天，学校组织了分学科的展示活动，我被邀请参加观演，因为展示的节目较多，我们用了三个半天的时间。

学生的素养展示效果远远超出我的预期，并且没有一个团队向学校提出申请帮助，所有的演出服装、道具都由家长委员会帮助解决，学生的化妆、舞台道具也由教师和家长志愿者完成。

在语文素养展示的专场上，由四年级编排的《歌唱祖国》，学生们用朗诵、歌舞的形式，把我们中国从1840年发展至今的新时代演绎得淋漓尽致，学生们的每一个动作，每一个眼神，每一句话语，都尽现出学生们的家国情怀。后来，在中国关工委主任、全国人大原副委员长顾秀莲主任来校指导工作时，《歌唱祖国》再一次在圣贤学堂演出，顾秀莲主任给予了高度评价。一年级小学生们表演的课本剧《拔苗助长》，生动形象，学生们角色感很强，剧中"老汉"的一举手一投足，"小禾苗们"的每一个动作、每一个眼神都活灵活现，赢得了一阵阵热烈的掌声。在现场指导的李晓丽老师说："这些小孩子们表演得真不错，细节也比较到位，老师们下了大功夫！"

在数学素养展示的专场上，由六年级学生展示的《鸡兔同笼》，学生们用小品和情景剧的方式进行有趣呈现，把数学思维与学本课堂展示有机结合，在表演中，把抽象的数学问题形象化、直观化。由四年级学生们展示的数学情景剧《猪老板开店》，把教材中的重点难点改编成了情景剧，在诙谐幽默的表演中，可以看出学生清晰的数学思维，可以看到学生较高的表达能力、思辨能力，最重要的是每一个学生的脸上都洋溢着自信。数学教师团队平日给我们的感觉就是，做事情有条理，理性思维比较强，没想到在这么短的时间，各个数学教师团队能编排出这样高水平的情景剧。

在英语素养展示的专场上，学生用英语表演的情景剧《寿光旅行》，用学生的视角把寿光的蔬菜、风景名胜、城市美景用旅行的方式，用英语口语伴着舞蹈的方式，欢快地展示出来。《小红帽》是一部经典故事，师生自己制作了道具和服装，学生的每一个动作都演绎得非常到位。在英语素养展示的现场上，我不仅看到了学生的精彩展示，而且看到了英语教师团队的集体研讨、群策群力、抱团发展的团队合作精神。

在活动学科展示的专场，我看到了更加精彩的表现。道德与法治学科的《中华传统节日》《讲诚信》等，将学生的思想道德教育、传统文化的弘扬、当下社会的热点问题进行融合，以多种艺术形式进行全景式展示，身在现场的师生，会从这些节目中真正得到启迪，受到教育。立德树人的工作不仅在课堂、在日常管理中，更应体现在学校工作的方方面面，教育的事业是唤醒，是内在的成长，从这些节目中，师生可以受到潜移默化的影响。

科学学科中的《钟表的探究》《我认识的笔》，学生们以动手操作的方式，把实验、探究和展示相融合，把复杂的原理生动形象地展示出来。综合实践活动学科的《探寻风筝起源，放飞童年梦想》是本次展示中唯一一块成品节目，其于11月9日去广州参加了全国第三届综合实践活动成果展示，获得了全国二等奖的第一名。市教研中心的肖学军主任电话中跟我说："你们学校的学生在现场表现得非常棒！"

展示结束后，我让马艺倩同学来到我身边，我问她："你们这次去广州展示，你最大的收获或者感受是什么？"她稍一思考，然后说："通过这次的展示活动，我学会了如何收集资料，学会了如何设计方案，学会了制作风筝的技巧，懂得了团队合作的重要性，更让我引以为豪的是，我们做了一次家乡文化传播的小天使，把美丽的风筝带到了广州，让更多的人了解到了我们的家乡文化。"

各学科全部展示完成后，学校从各专场中选出适当的展示节目，由音乐教师团队进行了一次彩排，然后就是在教学视导组来校指导时，在圣贤学堂上演了一场出人意料的素养展示，整个展示过程全部由学生主持，全部展示学生的精彩。这也是杨振华主任在小学教学工作会议上感受颇深，在会上指出"唯一一场学生综合素养展示"的原因。

🔖 践谈

"没有完美的个人，却有完美的团队"，我们放手给各学科教师团队，充分相信团队，充分相信我们的教师。教师团队集思广益，就会碰撞出智慧的火花，就会激发团队中每一个人的巨大的潜能，每一个人的都能迸发出精彩。每一个孩子都是一个独特的个体，每一个孩子都会有兴趣和特长，需要我们学校做的就是搭建展示的舞台，给每一个孩子提供展示的机会，要相信每一个孩子都是有主动成长的内驱力的，关键是帮孩子和家长找到那个启动内驱力的"开关"。

一次座谈会谈出两项亚军

苏霍姆林斯基曾把学校和家庭比作两个"教育者"，认为这两者"不仅要一致行动，要向儿童提出同样的要求，而且要志同道合，抱着一致的信念"。家庭和学校是教育过程中的天然合作者，所以只有两者抱着一致的信念，步调统一，形成合力，才会让孩子得到和谐全面的发展，形成健全的人格。

"最近足球队的训练出了一些问题，孩子们训练积极性不高，家长们也不够支持，已经有五六个孩子退出了，我们担心这样下去，不仅保证不了明年足球比赛的成绩，就连现在每天放学后的正常训练都持续不了……"2017年11月的一天，负责体卫艺工作的李景阳和体育教研组长王振杰，急匆匆来到我办公室，焦急地说着。

"振杰老师，你认为主要的原因出在哪里？"我也意识到问题的严重性，直截了当地追问。

"我觉得主要原因在家长，现在好多家长担心孩子训练足球影响写作业，进而影响学习成绩，现在家长对孩子的学习成绩看得太重。"王振杰思考了一下，认真分析着问题背后的原因。

难题的出现，最好的办法就是直面难题；解决问题的办法，最好就是真诚地沟通。

当断必断，事不宜迟。第二天，我就以学校的名义诚邀男、女足球队的家长，放学后到会议室举行一次座谈会。孩子由教练带领在操场训练，我与家长在会议室针对足球训练的问题，开诚布公、敞开心扉地交谈起来。

"我近段时间没有让沈博远参与训练，是因为这个小家伙总迷恋踢球，晚上的作业不认真完成，班主任老师也跟我交流过，我就是想借机惩罚他一下，要不他不长记性。"

"确实这样，我也发现孩子有退步现象，现在升学压力很大，我听朋友说，中考时若达不到升入高中的等级，什么办法都没有，我们很希望孩子以后认真学习，能顺利升入高中，考上大学。虽然孩子很喜欢足球，但在兴趣爱好和学习成绩之间，我们觉得还要先保证学习成绩。"

家长们非常诚恳，也谈出了自己的顾虑和担心。在三四个家长主动发言后，我基本弄清了足球队存在的问题的症结所在。担心这样的情况会"传染"给与会的其他家长，我就收了一下话题。

我讲到学校和家庭的目标是一致的，孩子的健康快乐成长是学校和家长的最高追求；只要家校合作共育，我们就一定能找到一个既能保证学习成绩，又能充分发挥孩子兴趣特长的办法；一味地打压孩子的兴趣爱好，有时可能会适得其反。

我转移话题很成功，家长立马围绕"如何能保证学习效果，还能训练好足球"展开了积极的发言。"跟孩子立个规矩，他认真遵守，按时完成作业，上课认真听讲，学习成绩有进步，我不但支持他踢球，周末我也全程陪他踢球。"汤皓喆的爸爸说。"对，我们也可以分别与班主任、任课教师沟通，随时了解孩子的学习情况，家校及时监控，也能保证学业成绩！"家长们热烈地讨论着、研究着。

慢慢地，家长们脸上有了笑容，个个信心十足的样子。

我又跟家长们分享了一个家教故事，然后说："最好的家校关系，是家长支持学校，老师支持孩子！"

"我们坚决支持学校的决定，用行动来支持孩子们练球。"张竖昊的爸爸大声地说，大家都开怀大笑，一次家长座谈会最后在欢声笑语中结束。

张竖昊的爸爸是那样说的，也是那样做的。那天，他加了我的微信，足球队家长的情况、孩子训练的情况，他都第一时间发给我。

足球队的家长联合起来了。每个工作日的傍晚，总有几名家长志愿者来学校的操场，帮助足球教练做力所能及的事情。他们自己掏钱为孩子们购置了比赛服装和统一的鞋袜。

每个周末，家长都主动组织起来，轮流带孩子们到铁路花园开放式的足球场训练，甚至自己找了足球专业的朋友，无偿地帮助孩子们训练，孩子们都在足球训练群内汇报作业完成的情况，在群内约定时间踢球。几乎每一个周末，男、女足球队的队员都至少挤出半天时间来进行训练，孩子们踢得不亦乐乎。脸晒黑了，腿、脚受伤了，这些可爱的孩子们也不叫苦说累，他们心中有一个目标，就是到2018年阳光体育运动会的足球场上为学校争光。

由于天气转冷，足球队的家长们又出资为孩子们在汇林健身中心借用场地。周末时间，孩子们有了更好的训练场馆，能更好地适应比赛场地。

春节刚过，足球队的家长就把学校的足球健儿们组织起来。据说，他们中午轮流为孩子们准备午餐，轮流值班陪孩子们训练，自费请专业人士教孩子们踢球的技巧。张竖昊的爸爸在微信上几次邀请我去看孩子们比赛的现场。正月初十的上午，我来到汇林健身足球场馆，看到近二十个家长在现场陪练，不断为孩子们加油鼓劲。我为孩子在球场上刻苦训练的精神所感动，我为家长为了孩子训练的付出所感动。

有一段时间，我养成了一个工作习惯，在每天傍晚学生放学后，就到操场上转一圈。一看到操场上的刻苦训练的足球队的孩子们，我就不时地鼓励一下他们。在他们中场休息时，我就关心一下他们的学习情况和作业完成情况。

圣城小学的操场很小，运动场地不达标，中间区域没有铺设人工草坪，只是做了两个简易的足球门，这就是每天放学后，足球队员们训练的场地。曾经也有教师预言：像我们这样的条件和设施，体育比赛不会有好成绩，更不用说是足球和篮球比赛了。

就在2018年春天，市教育局组织部分小学校长去深圳福田区观摩学校，我们到了一个占地面积很小，基础设施也不是太好的城郊小学，操场很小。校长很自信地说，他们学校的足球在当地是一流的，他还说不在于场地的好坏，不在于场地的大小，关键在于学生、教师和家长的热情。我特别感兴趣，放学后的一个小时，我与几位校长就守在那个很小的操场上，看到一侧是一年级两个班踢联赛，另一侧是三年级两个班踢联赛。听教练讲，他们几乎每个傍晚都有班级足球联赛。更让我们吃惊的是，一年级两个班的男足球键将踢得特别投入，两个班的小女生全部统一着装成了"足球宝贝"，热情高涨地呐喊，比球场上的运动员都激烈，也有很多的家长在一旁加油助威，都有点"国际赛事"的味道。

那个学校，那个操场，那个场景，深深地冲击着我。回校后，在傍晚巡视操场时，我分别把那个场景讲给了我们的足球队员和家长。看来，关键的因素不是场地，不是设施，甚至不是技术，最重要的是热情！

有多少付出，就会有多少收获。2018年4月，在寿光市中小学阳光体育运动会上，五人制足球男子组获全市亚军，五人制足球女子组获全市亚军。这是学校在足球训练中取得的历史上最好的成绩。这两个亚军的取得是教练和孩子们刻苦训练的结果；这两个亚军凝聚着足球队家长的汗水，从一定意义上讲，是家长托起着了这两个奖杯。家长支持学校，老师支持孩子，学习训练两不误。可以说这两个亚军是那次座谈会上谈出来的！

践谈

学校的教育远不是教育的全部。只有家校携手，致力于构建一个目标一致、内容衔接、功能互补、配合密切的和谐教育场，才能为孩子的全面、健康发展创造良好的教育生态，为孩子撑起一个草长莺飞、花红柳绿的人间四月天。

孩子们身上有股圣贤味儿

师语

　　著名作家余秋雨曾说过："在孩子们还不具备对古诗文经典的充分理解力的时候，就把经典交给他们，乍一看莽撞，实际上是文明传承的绝佳措施。幼小的心灵纯净空廓，由经典奠基可以激发起他们一生的文化向往。"

　　"圣城小学的孩子们身上有股圣贤味儿，这与学校弘扬中华优秀传统文化，实施圣贤教育，让孩子站在学校中央的理念有关系。"这是寿光市原政协主席、市关工委王茂兴主任，陪同中国社会科学院的赵法生教授来校调研时，刚到学校门口，他跟赵法生教授这样介绍着我们学校。

　　"圣城小学的孩子们身上有股圣贤味儿"这句话，王茂兴主席在很多会议或场合说过，我觉得这是对圣城小学的最高评价。

　　我们管理团队和全体师生非常感激他，因为他的引领，学校在经典诵读、中华优秀传统文化的传承与弘扬、文明校园创建中取得了一些成绩。我从内心里崇拜和佩服他做人做事的风格，他一心为下一代的情怀，他做事的认真、执着值得我们每一个教育人学习。

　　三年间，他九次走进圣城小学，为学生、教师和家长做讲座；在山东省首届中华优秀传统文化经验交流大会上，他在发言中推介了圣城小学圣贤教育的典型做法；在寿光市传承与发展中华优秀传统文化启动会议上，圣城小学作为教育系统的唯一代表做了发言；中国关工委主任、全国人大原副委员长顾秀莲来寿光视察，圣城小学是调研的唯一一所学校；潍坊市关心下一代工作现场观摩研讨会在寿光市召开，圣城小学成为教体系统唯一的观摩现场。

近几年来，我们管理团队把学习贯彻习近平新时代中国特色社会主义思想和党的十九大精神贯彻落实到教育教学中，坚持把加强少年儿童的思想道德教育放在首位，围绕立德树人根本任务，充分发挥"五老"志愿者的作用，广泛开展传统文化进校园、党史国史进校园、法治宣传教育等工作，把思想道德教育渗透到教育教学工作的各个环节，帮助学生系好人生第一粒扣子，为学生健康成长营造了良好环境，赢得了家长的认可和社会各界的赞誉。

在我们寿光市，有许多学校在弘扬中华优秀传统文化、落实立德树人方面做得很有成效。为什么王茂兴主席对圣城小学特别关注、特别厚爱呢？

这要从2016年9月说起。新学期刚开始两周，经市传统文化宣教中心的李海梅老师推荐，王茂兴主席第一次走进圣城小学。他很喜欢孩子，我陪他在校园内转了一圈后，他就提出进一个教室看一下孩子们。我们来到了一年级一班，是王金英老师的班，孩子们起立行鞠躬礼，他问："孩子们，你们背过什么经典了？""我们会背《弟子规》。""好，一块背一下，好吗？"接下来，就听到孩子们异口同声地背起来：弟子规，圣人训，首孝悌，次谨信，凡爱众，而亲仁，有余力，则学文……孩子们一气呵成，把《弟子规》从头背到尾。

看到孩子们的表现，他非常吃惊，"听海梅主任说，你们学校在经典诵读方面非常注重，做得很有成效，没想到刚入学两周的一年级小孩子们，就能完整地诵读下来，真是不简单！"

他又去看了我们刚改造的具有传统文化风格的圣贤学堂。听到我们圣贤堂的规划，很是赞赏，当即表示等举行启动仪式时，他来参加我们的启动仪式并致辞。

2016年9月底，山东省委宣传部拍摄纪录电影《乡村中的儒学》，这是山东省齐鲁优秀传统文化传承创新工程重点项目。影片深入挖掘山东省尤其是寿光和泗水等地的深厚的儒学文化氛围和儒学讲堂的突出成绩，探究儒学在当代社会中的价值。

摄制组在寿光取景时，围绕由王茂兴主席组建的传统文化宣教中心展开，摄制组在圣城小学拍摄了一天时间。圣贤学堂、书法教室、社会主义核心价值观主题文化墙、党史国史主题教育墙等地方都留下了众多的镜头。

在中华美德主题文化墙边，围绕大大的"孝"字，王茂兴主席给孩子们上了一堂精彩的孝道课。"上老下子为孝字，老人要爱护孩子，孩子要孝敬老人，两者密不可分，方成孝道"。他给孩子们讲了几个孝心少年的故事，讲了寿光几个孝心示范村的做法，从细节入手，教会孩子们如何说话、如何行事、如何看待问题，才是今天的孝子，才是真正地感恩父母、感恩国家。一个孝字，讲了一个小时。孩子们听得津津有味，相信这堂特殊的孝道课会让参与的孩子受到启迪，会变成孩子们的自觉行动。

在书法教室，他耐心地教孩子们如何执笔，如何运笔，怎样写出方正、有气势的毛笔字，讲到书法是中华民族优秀的传统文化，勉励孩子们好好练习书法。

在圣贤学堂，观看了孩子们排练的经典诵读节目，孩子们分不同的团队，用不同的形式诵读《弟子规》《大学》《论语》等。他给孩子们做了一场"弘扬传统文化，做有德中国人"的报告。摄制组的人员一边拍摄，一边竖起大拇指点赞。

面对记者的专访，他说："圣城小学的孩子们身上有股圣贤味儿。"这是他第一次对孩子们这样评价。从那以后，在很多会议上，他都这样说。

每一个孩子都像是一朵含苞待放的花朵，只有给予适合其成长的土壤、养分和阳光，他们才能健康成长，才能每天做更好的自己。秉承这样的理念，我们扎实推进圣贤教育，把中华优秀传统文化带进了校园，把活动践行带给了学生，把孝敬带给了家长，学校形成了人人懂文明、人人讲文明、人人践行文明的良好氛围。

在校园内遇到学生，每一个学生都会恭敬地向我鞠躬行礼，轻声说一句"韩老师好"或"韩校长好"，这时我做的就是回礼问好。特别是在校外，遇到我们的学生，学生也会鞠躬行礼，每每遇到这样的场景让我感动不已。

教育家叶圣陶说："什么是教育？简单一句话，就是养成良好的习惯。"我们管理团队从中华优秀传统文化中提取"三jìng"（净、静、敬）。作为学生习惯养成的着力点和出发点，学校将每年的三月和九月确立为"圣贤教育·十星闪耀"习惯养成月，从细节入手，引导学生养成良好习惯，让每一个圣小学子懂感恩、知礼仪。

文化引领学校发展，特色打造教育品牌。如今，圣贤教育就像一股清泉润泽着圣城小学的每一个学生。经过中华优秀传统文化熏陶后的他们，走出校门都能看到脸上洋溢着的自信，都能看到彬彬有礼的气质。"圣城小学的孩子们身上有股圣贤味儿"，我们喜欢这样的评价，也希望它成为每一个学生的气质。

践谈

　　传承优秀传统文化须从小抓起，这样才有助于孩子树立起对中华文化的认同感和自豪感。但要使传统文化真正入脑入心，而非一阵风似的流于表面形式，还须有规有序地科学而行。拔苗助长、盲目跟风、聚众扎堆都不是明智之举，只有尊重客观规律，有针对性地循序渐进而为，力求常态化，才能在潜移默化中让传统文化与学校教育、学生成长深度融合，才能让传统文化真正常驻校园、扎根于心。

学校门前那棵树

师语

　　我们常说："十年树木，百年树人。"每一个学生都是一棵树苗，在爱的阳光和雨露下成长，无论将来成长为参天大树，还是普通树木，重要的是在这个过程中能够自由成长，形成坚韧不拔的精神，无论经历多少风雨，终究会活出自己的精彩！

　　"那棵大树不是一个徽标，不是一座雕塑，是真实存在的，鲜活生长的，是我的母校——圣城小学门前的一棵树，也是不断生长的一棵树。无论我参与了多么激烈的竞争，怀抱了多少失落或玫瑰香气，被真实世界推搡了多少次去做一个所谓的大人，在我无意间路过那棵树的时候，内心就会再度归于平静。就像你兜兜转转，又再次回到了开始的时光。在那里，我度过了六年快乐的童年时光，是她陪伴、见证了我的成长！"

　　这是现读于美国宾夕法尼亚大学的徐镜涵同学写给王建军老师的信中的一段话，她是圣城小学2005级的毕业生。

　　邱静同学在读七年级时，写过一篇习作《学校门前那棵树》，用心的家长把她的习作转给了小学的语文老师。我从习作中摘录一段进行分享：

　　七年级，我又一次经过了圣城小学门前，她一如既往地站在那儿，就像是一位可敬的老师。无论是烈日炎炎的夏天，还是狂风怒号的冬天，都任劳任怨地站在门口，没有一丝的不满和厌倦。每天目送我们离开后，她才会放松警惕，是她教会了我坚持和责任，教会了我不畏艰难、勇敢挑战的精神。

　　学校门前的那棵大树，成了一届又一届学生的牵挂，成了学生心中的母校的标识。

学校门前那棵树是一株茂盛、粗壮的法桐树，她有六根粗大的枝干，仿佛寓意着"六顺"，用她的努力护佑着师生的工作、学习和生活"顺心顺意"。六根树干向着不同的方向努力生长着，在学校门口撑起一顶翡翠的大伞，为师生和家长挡雨遮阳。

我跟退休的老教师考证过那棵树。那棵树是学校刚迁至现在的校址时，由张洛洲校长带领教师栽种的，距今已有三十多年的时间。那棵大树原来在学校南墙的北侧，后来随着公园街的拓宽，学校南墙的北移，它就到了学校外面的大门口的东侧。

2017年，我兼任着三年级的品德与社会学科，在与八班的孩子们一起学习"可爱的校园"这一课时，我没有按照教材的编排授课，而是与别的课任老师调了一下课，带领孩子们做了一个两课时连排的校园实践分享交流活动。第一课时，我与孩子们在校园内观察体验、现场学习，了解学校的情况，观察学校的景点，体验学校的文化，其中就在那棵大树下，给孩子们讲了以前由从圣城小学毕业的大哥哥、大姐姐写的那棵大树的文章。

第二课时，我们回到教室内，分小组展开分享交流，孩子们交流得热火朝天，当谈到学校门口那棵树这个话题时，孩子们展示了丰富的想象力。"那棵大树就像一顶大绿伞。""那棵大树就像我们的老师，她每天站在学校门口迎接我们上学、看着我们放学回家。""那棵大树就像一位保护神，下雨时她可以为我们挡雨。""我也喜欢那棵树，她像……"

学校门前那棵树是一位可敬的师者。不论风吹还是日晒，不论酷暑还是严冬，为了给师生提供更多的树荫庇护，无怨无悔地坚挺地立在那里，努力地向上生长着。她让我们看到了坚守和责任，因为她更像是一位诲人不倦、默默付出的教师，坚守讲台直至额头爬满了皱纹，用责任托起孩子们七彩的童年，把满头青丝变成了缕缕银发。她是一位可敬的师者，深受孩子们的爱戴，她的坚守、她的执着、她的奉献为孩子们指引着前行的方向。

学校门前那棵树是一位开心的迎宾。她每天站于学校门前，就像是酒店、会场的迎宾。她每天用沙沙的掌声欢迎着每一位教师，期盼着教师对孩子们用心付出，把每一个孩子的成长放在心中；她每天用期待的眼神欢迎着每一个孩子，期待着每一个孩子能自省、自律、自我成长；她每天用婀娜的舞姿欢迎来自省内外的教师，期待这些教育同仁们一起研究，一起提升，一起为孩子们的成长而努力。

齐鲁名校长、潍坊四中韩忠玉校长在"从树的成长看人才的成长规律"一篇短文中写道:一棵树要成长为一棵大树,至少需要具备五个条件,一是时间,因为长大绝非一朝一夕的事;二是不动,因为经风霜雪雨,必须始终坚持;三是根基,因为只有努力把根深入地底,不停地吸收营养,才能壮大自己;四是向上长,因为只有不断向上才会有更大的发展空间;五是向阳光,因为只有向阳生长,才能争取更多的阳光和养料。人物同理,一个人的成长成才,细细思之,莫不如是!

我希望每一位老师路过学校门前那棵树时,能与她对话,从她身上悟出一些教育的真谛,从树的成长看出孩子们的成长规律,在教书育人的过程中,能遵循教育规律和孩子的成长规律。

我希望每一个圣城小学的孩子,能把学校门前那棵树当成心中的标识,能汲取大树身上的精神。不论走到哪里,心里永远记着学校门前的那棵树,在身上烙印上大树的精神——坚守与责任、坚韧与挺拔。带着那棵树的期盼,走向远方,走向未来的精彩的人生。

践谈

我们的传统教育一直是"不见树木,只见森林",我们希望把所有的孩子都变成一样的"好学生",让所有的孩子都走在同一条通往所谓的成功大道上。但实际上,这棵树与那棵树并不一样。我们没有权利通过竞争淘汰任何一个孩子,于是,对每一棵树的生存需求和生存价值的发现,就成为我们的新挑战。发现那棵树,就要为他搭建适合的成长平台,让学生自我认知、自我唤醒、自我发现,从而形成独立人格、独立思想,最终成为与众不同的自己,这才是教育的根本。

由大树被刮倒想到的

    "学校圣贤广场东侧的一棵大树突然被刮倒了！"办公室刘月祥主任急匆匆跑到教室门口跟我说着。当时是下午第一节，我正与孩子们上品德与社会课，上课还不到五分钟。

    "有没有伤着孩子？"我特别担心。

    "那倒没有，上课前还有几个孩子在树底下玩耍。突然来了一阵风，大树就轰然倒地，树根一丝也没有连着，很奇怪的是那阵风也不算大，那么粗的大树怎么说刮倒就齐根刮倒呢？"他很困惑地说着。

    我从教室内往下看，看到大树向西南方向倒下，只损坏了树附近的坐凳的一角。真是太幸运了，若是课间发生这样的事情，树底下有孩子活动的话，那麻烦可大了！想想都后怕。

    我请一位老师先帮忙带班，立即来到现场。怕有安全隐患，袁学明校长已安排人拉起了警戒线。"说来真奇怪，长了近二十年的苦楝树，从树枝和树叶上丝毫看不出一点问题，跟其他树一样枝繁叶茂，树根却像豆腐渣一

83

样，可能是当时栽种时地下有建筑垃圾的原因。"他跟我说道。

袁学明校长对校园内的每一棵树都特别有感情，因为大多是他与教师去市场上选的小树苗，然后回来栽种的。一天天地、一年年地，看着这些纤细的小树苗渐渐地长高、长粗。他经常感慨：今年，咱学校东侧的水彬长得特别旺，这几棵水彬树形特别好看；校园内的苦楝树花期挺长，这一个月，在校园内都有浓浓的花香；那棵千头椿树皮虽裂开了，但没有影响生长，真够顽强的。

在袁学明校长的眼里，校园内的树就像他的优秀学生，甚至像自己的孩子一样，每天都用赏识的眼光来看待，每天都用期盼的眼神细细打量，这或许就是我们为人师者的情怀吧。它对学校的热爱，不仅体现在工作上，体现在学生上，而且体现在校园内的一草一木上。

我用手伸进树穴内，抓出一块树根，用手一捏，像木渣一样。树根全部坏掉，树枝和树叶跟其他的树看不出差别，没有任何萎蔫的迹象。以前刮过很大的风没有倒地，今天的风不算太大却轰然倒地，还真是奇怪！

在围着大树转的过程中，我的眼光突然落到了教学楼前，在一簇竹丛中生长着的一棵纤细的树苗上，它也是一株苦楝树。

前一段时间，我曾问过师生服务中心的袁西钦主任，这棵树苗是怎么来的。他说："这个树苗是自己长在这儿的，可能是旁边这棵苦楝树的种子落在这儿生长的，长的地方不好，离教室太近，又在这一簇竹丛中，再任由它在这里生长的话，不仅不好看，而且还会影响教室内的光线。""咱还有两个班没有实践种植园，就把这些竹丛和这棵树移到别的地方，在这里再建上两个班的实践种植园吧！"我跟他回复着。

这两件事一链接，我心里突然一亮，仿佛一下子悟到了这棵苦楝树轰然倒地的缘由了：是不是想给她的孩子腾个位置，哪怕牺牲掉自己。我当即就跟袁西钦主任说："不用再去买树形差不多的树来栽种，明天就把那棵小苦楝树移到这个位置，让专业人士来移植，树根要尽量大，一定要保证成活！"

回到办公室，我的心久久不能平静。这是怎样的一棵树呀，为了给孩子们撑起大课间活动的绿伞，她拼尽生命的最后一刻，也让自己枝繁叶茂；为了保护校园内每一个孩子的健康，望着在自己脚下嬉戏、玩耍的孩子们，一直等到孩子们全部远离她，她才耗尽最后一口力气，放心地安然倒下；仿佛知道人们要把她的孩子抱走，因为自己的孩子没有合适的位置，她宁愿牺牲自己，把生的希望留给自己的孩子。

这棵树多像一位伟大的母亲，默默付出、不求回报养育我们的母亲！

我又想到了太原晋祠中的一对"父子树"。

那天是周末，在太原有一个教学研讨活动，活动结束后，太原的孙校长陪我走进了晋祠。

"不到晋祠，枉到太原。你们圣城小学注重中华优秀传统文化的弘扬，又在做着圣贤教育，晋祠内的几个景点，可能会对你有大的触动。"

依山而建的晋祠，郁郁葱葱、舒适而幽静。"晋祠是为纪念晋国开国诸侯唐叔虞（后被追封为晋王）及母后邑姜后而建，是中国现存最早的皇家园林，为晋国宗祠。祠内有几十座古建筑，具有中华传统文化特色。这里面的难老泉、侍女像、圣母像被誉为晋祠三绝。"孙校长给我介绍着。

"你看，这就是我说的那对父子树，我们当地人也称孝亲树。"随着孙校长手指的方向看去，在圣母殿的左侧有两棵奇特的龙柏。据说，那棵龙柏是周朝时栽种的，相传这棵古柏已经有3200年的历史。当他"年老体弱"倒下时，恰好被旁边另一棵正值壮年的龙柏稳稳地托住，因为有了依靠又焕发出新的生机，就有了今天造型奇特的"老有所倚"，成了晋祠中的一大景点。这对"老有所倚"的父子树给人很多的感叹和遐想，树且如此，何况人乎？

2019年5月，新疆疏勒县第二实验小学的教师团队来校交流，他们说道："进入你们的校园，闻到特别的花香。一开始，我们以为是学校前面公园内的花香，仔细观察才发现，是你们校园内的苦楝树开满了深蓝色的花，这些花香沁人心脾，让人感到特别舒服！""你看，那棵长得很直，但看上去很细的那一棵，树上也长满了花，正努力地开着。"

那棵小苦楝树尽情汲取着"母亲"的营养，茁壮地生长着，学着其他大树的样子，努力地开着花。用自己旺盛生长的状态和努力盛开的每一朵花来回报着"母亲"无私的爱。"老有所倚"的年轻龙柏用自己宽大的臂膀托起"父亲"的身躯，回报着深深的"父爱"。

在以后的课堂，我会把这些故事讲给我的学生听，让他们慢慢学会孝亲敬老，学会感恩国家，学会回报社会。

📖 **践 谈**

立德树人是教育的根本任务。孝是德之本，从古至今，孝亲感恩都是做人做事的第一位的品德。这一中华美德延伸到现在，感恩的内涵也在不断丰富，外延也在不断拓展。感恩已经成为一种态度，一种责任。学校开展感恩教育不能沦为空谈，要把感恩落实到学生成长中，在学生与家长、老师、学校、社会乃至大自然之间，形成一条感恩的纽带或链条，让学生常怀感恩之心，让人与人、人与自然、人与社会变得更加和谐，更加亲切。

第三篇

师生自由成长的舞台

　　人是教育的对象，这个对象是有思想、有情感的生命体。把教育的对象当成活生生的人对待，这是教育的根本。

　　以人为本不是教育形式，而是教育的价值追求。教育的所有形式和内容都应该从这个根本出发，让自由、民主、平等成为校园的主旋律，让每一个师生都能实现自我价值，这是教育应该追求的终极目的。

　　"让每一个师生都能实现自我价值"不应是口号，更要落实到行动中，落实到师生的心坎儿里，让师生真正感受到教育的力量！

我们的萝卜收获了

师语

　　著名教育家李希贵认为：课程改革就是让每一个学生都清楚自己的跑道。每个人都有自己的个性差异，每个人成长的道路各不相同。作为学校教育，不是把所有学生推向同一条道路，而是让每一个学生都有自己的人生跑道。课程是学校教育的主阵地，多元化的课程才能满足个性化的需求，也才能为学生终身发展找准方向和目标。

　　"我班孩子们在实践园种的萝卜收获了，孩子们特别开心，想着把萝卜卖到学校的食堂，用赚到的钱再买些优质的萝卜种子，明年继续种萝卜，剩余的钱捐给公益组织，帮助困难的学生，这样可以吗？"五年级八班的赵老师在校园内遇到我，说出了她班孩子们的想法。

　　"孩子们的这些想法很好，学校支持你们！"我给负责餐厅的老师打了电话。

　　与赵老师的简短交谈中，我了解到了她班的综合实践活动课萝卜课程：去年9月份，赵老师与学生们商议在实践园内种植什么？很多学生愿意种萝卜。家委会帮助购买了优质的萝卜种子，每个同学都认领了几颗"希望种子"，在家长们的指导下，在实践园内种下了自己的"希望种子"。然后，学生们每天上学时，都会去看一下自己"希望种子"的发芽情况，再后来，看着萝卜苗一天天长高，看着小萝卜一天天长粗长大。观察到学生们这么感兴趣，赵老师就与其他老师商议，组织学生们开设了奇特的"萝卜课程"，学生们上网收集关于萝卜的习性、种植等文章阅读，在音乐课唱"拔萝卜"

的歌曲，在美术课上画各式各样的"萝卜"，在综合实践活动课上，小组研讨、展示他们的学习成果，这次卖萝卜也是课程的一部分。

我很佩服圣城小学教师团队的课程智慧，在学校全息课程的框架与理念引领下，很多教师带着学生们做了一些有意义的课程。"萝卜课程"就是一个超学科整合的长线主题课程。

几年前，圣城小学就开展"全息活动育人"，每天下午一个年级，把下午的课时连排起来，教师和学生们开展各类兴趣爱好班，称为全息活动。我问了好多老师，"全息"是什么含义，很多教师用不同版本的回答，但没有统一的答案。

为了明确"全息"的内涵，明确课程设计的思路，我们管理团队进行了认真研究与规划，决定把全息活动育人提升到课程的高度，构建全息课程体系，对所有的课程都按照课程目标、课程内容、课程实施、课程评价的课程四要素进行梳理。

我们团队又对"全息"进行了新的解读。"全"，从纵向上来解析就是指"完全生命"，即一个人生命的完整历程；从横向上来解析就是指学生的全面发展；还引入了"全课程"的理念，就是学校、家庭、社区时时处处有课程，一事一物皆教育。"息"的本义是人或动物自由进出的气，这里是指像呼吸一样自由生长、自然成长。用"全息课程"来命名学校的课程体系，就是期待构建一整套"适合学生全面发展、自由生长"的课程体系。

2016年1月，潍坊市教科院将寿光市圣城小学确立为潍坊市小学"课程整合"五所核心实验校之一，成为寿光市唯一一所参与"课程整合"的实验校，在市县两级教研部门的指导下，我们积极探索"全息课程"的实施策略，取得了初步成效。

课程体系的构建，全息课程的系统实施，需要专家的引领。2016年4月24日，全市小学课程建设与课程整合研究专家报告会在圣城小学举行，我们邀请了山东省教科院张斌博士，他为全市"双改行动联盟学校"的校长及骨干教师做了"以课程整合推动学校变革"的报告。张斌博士从正确看待当前的教育改革、合理定位变革中的课程整合、找到课程整合的"细胞"、如何让"细胞"生长起来、"一"就是"多"的变革策略、把握课程整合的工具、注重方案的设计七个方面，对当前课程改革的情况进行了分析与指导，为学校的课程改革指出了方向，提供了多方面的借鉴。

在报告会上，我们还邀请了淄博市临淄区晏婴小学的孙镜峰校长做了"个性定制课程，引领学生个性发展"的专题报告，孙镜峰校长是齐鲁名校长、教育部全国名校长领航班的成员，他带领教师团队专注课程整合，学校成了省内外知名的特色学校。孙镜峰校长从晏婴小学缘何走上课程整合之路、课程整合的实施路径、提升校长的课程领导力、因课程整合而改变四个方面，全面介绍了晏婴小学在课程改革方面的典型做法和成效。他的报告开阔了与会教师的视野，全面展示了课程整合前后学校及师生的变化，明确了我们课程整合的目标，理清了课程整合的思路，激发了教师团队课程整合的动力。

在全市小学课程建设和课程整合研究专家报告会后，教师团队群情振奋，按照学科内整合、跨学科整合和超学科整合的方式，各学科、各班级积极进行探究。三年级语文教师带领学生做的"秋思秋韵"主题，让学生们的阅读能力、写作能力、观察能力和动手操作能力都得到提升，实现了一个主题实施达成多个学科目标的作用；四年级的跨学科整合主题"水的世界"；五年级的超学科整合主题"身边的植物"；六年级的"追寻圣贤的足迹"等都取得很好的成效。在全市小学生各学科综合素养展示活动中，取得了教师意想不到的好成绩，小学语文写字、数学说思维、英语情景剧、科学实验、综合实践活动展示等各项均获一等奖，均获优秀组织单位。

2016年10月10日，是一个可喜的日子，潍坊市小学课程整合暨教学管理基本规范校长培训会在我校成功举办。潍坊教科院李庆华院长、孙俊勇科长及潍坊市"双改行动"联盟校的校长、骨干教师近300人参加了活动。我们全面展示了课程整合成果，学生们用一场展示会的方式，展示了全息课程的成效；56个班级全面开放，与会人员深入每个教室看学生们的动手探究、合作学习、自信展示；最后从学校课程体系、德育课程构建、班本课程和家长课程四个层面，把学校的全息课程体系进行了全方位展示。李庆华院长对学校的全息课程给予了高度评价："圣城小学的学生们展示出来的素养证明了课程整合的魅力所在，校长和老师们的专题报告很精彩，家长志愿者带领学生们做的'童眼看城建'等课程更精彩！"

2017年，分管教学工作的张海艳校长，在产假休息期间，用心对学校的全息课程体系进一步梳理、提升，从学校的育人目标入手，聚焦学生发展的核心素养，把课程分成了德课程、学课程和行课程三类五大领域，并重新构建了全息课程体系的图谱，让全息课程体系更加趋向完善。

我们在课程构建与实施的过程，有喜悦也有困惑，有两位专家见证了我们的喜悦，更帮助我们解决了很多困惑。潍坊市教科院的孙俊勇科长对学校特别关注，不到四年时间，十次来到学校调研指导、把脉诊断，我们从心里感激他的引领与指导。寿光市教科研中心的杨振华主任始终把圣城小学当作自己的学校，不定时来校指导，帮助提升课程理念，梳理课程体系，一起见证学校的课程发展。可以说，学校的课程建设与课程发展是他们两人一起陪伴着我们走过来的。

抱着"只问耕耘，不问收获"的信念，我们教师团队付出了努力，我们也收获了很多。2016年11月5日，中国教育科学院（以下简称中国教科院）在沈阳市沈河区举行的全国第四届"学校文化内生和课程再造"现场会暨学校课程新样态研讨会上，我代表团队做了题为"聚焦学生发展核心素养的圣贤·全息课程"的分享交流，得到中国教科院陈如平所长和与会专家、教师的一致好评。2017年，全息课程项目被列为潍坊市中小学教育教学重大问题研究项目，并获一等奖。2018年，"聚焦学生发展核心素养的圣贤·全息课程"获山东省首届课程整合成果一等奖。

五年级八班的萝卜收获了，我们的全息课程也收获了！

践谈

尊重学生个性是公认的教育规律，学生本身所具备的禀赋与兴趣始终是教育的切入点。如何把握好这一切入点，就学校教育而言，在于课程的开发与实施。课程始终是学校教育的立足点，于学校而言，发展课程就是发展教育，在强调终身学习的学习型社会里，学校通过课程实现学生学习兴趣、学习能力、学习态度的培养，为学生终身学习奠定良好的基础，教育也就更有意义与色彩。

让人刮目相看的"小乔"们

　　著名教育家陶行知先生说:"漫天撒下爱心种,伫看他日结果时。"每个孩子都是家庭的希望,每个孩子都是未来的花朵,可能会因扎根的土壤不同,有的会提前绽放,有的会迟迟绽放。只要我们有一颗花苞心态,"榆木疙瘩"就不会冲口而出,"不可救药"就不会成为对孩子的定格。多一份赏识,多一份期待,每个孩子都会绽放出最精彩的花朵。

　　在五年级四班听课时,我意外地发现"小乔"坐在潜能生的位置,这着实让我吃了一惊。"小乔"是戏剧社的成员,在刚刚结束的潍坊市小学课程整合现场观摩研讨会上,她与戏剧社团的小伙伴们演出的话剧《草船借箭》,赢得了与会领导和校长们的阵阵掌声。我觉得这个孩子很有天赋,一举手一投足,每一个眼神,每一个动作都很到位。以至于我只知道她饰演的"小乔",而不知道她的真实姓名。"小乔"这样的校园明星,我以为肯定是各个方面都特别优秀,学业成绩肯定也不错,没想到她的学业成绩不理想。

　　与班主任交流后我才得知:小乔的真实姓名叫杨怡平,原来学习成绩不理想,性格有些内向,平常不爱说笑,属于放入群体中找不到的孩子。自从学校半年前成立了戏剧社,班主任觉得这个孩子长得挺漂亮的,就动员她几次,硬给她报了名。自从参加了戏剧社,发现这个孩子一天一个变化,与同学们爱说笑了,在学本课堂中敢于展示自己了。在全市现场会上的成功演出更增加了她的自信心,近段时间学习成绩也有所提升,只是她的学习基础有些差，要达到优等生的程度还需要一段时间。换句话说，感觉这个孩子已经找到了自我，学习上也已经"开了窍"。

我非常佩服班主任教师的良苦用心，在她那里，每个孩子的情况及发展都如数家珍。有这么用心的班主任引导，通过话剧演出让她找到了自信，我相信"小乔"肯定会越来越优秀。

我感觉与这个孩子有缘，还很想了解这个孩子的内心想法，也是为了帮助更多像"小乔"一样的孩子们。于是，利用一个大课间时间，我和她在集体交流室有了一次面对面的交流。

从与"小乔"断断续续的交流中，我了解到她的成长经历。她从小认为自己学东西慢，不如别的同学，课堂上不敢举手发言，更怕老师提问到自己，几乎每一节课都在提心吊胆中度过。考试成绩不理想，家长就批她没有出息，慢慢地学习上的事情也不愿意与爸妈交流。

"后来，学校成立了戏剧社，班主任老师动员我参加，来到戏剧社后，戏剧社的老师特别看好我，我感觉一下子有了自信，没想到自己在这个方面还行，慢慢地感到在同学们面前抬起头来了。前几天的演出结束后，班内的同学都说我演得好，说很崇拜我！""小乔"说。

"不光同学们很崇拜你，韩老师也很崇拜你呀。再好好练习，相信你越来越好，有了自信心，学习上也会不断进步的，韩老师相信你！"谈话的最后，我又给了她几句鼓励的话语。

大约过了三四天，课间我在教学楼转的过程中，突然看到"小乔"向我跑过来，手里拿着几页纸。"韩老师，我写了一点东西，班主任让我送给您，谢谢您！"我有点意外，只说了句："好的，也谢谢你！"

事后我才知道，那次谈话后，用心的班主任动员"小乔"写了自己的真实体会，然后又让她把写好的体会送给了我。

打开"小乔"送给我的纸，静心地读起来，原来是她写给我的一封信：

尊敬的韩校长：

您好！

在您与我谈话后，我想了很多。以前我学习不好，总感觉在老师和同学们面前抬不起头来。但我在心里也有一个梦想，那就是将来做一个歌手或者演员，因为我喜欢唱歌和跳舞。在学校没有戏剧社之前，我没有机会，也不知道自己到底行不行。

非常感谢您，韩校长。在我四年级时，学校请来了戏剧社的老师，也感谢班主任动员我参加了戏剧社。刚开始时我也遇到了许多困难，比如没有自信和勇气，在第一次排练的时候，我就很害羞。但是到了第二次、第三次排练的时候，我已经有点自信了，那是因为"学本课堂"，我感谢学本课堂，要是没有学本课堂，我现在就不会有勇气站在舞台上。

我觉得光有自信和勇气还是不够的，最重要的是团结合作，没有了团队的合作，就组不成一个完美的团队，因为戏剧演出需要大家的默契，要明白队友的每一个眼神，从而随机应变。团队合作的精神也是在学本课堂中学到的，因为每一节课小组同学都一起展示，每一个人都需要发言。

在现场会演出的那天，我们的演出赢得了那么多老师们的掌声，我们都很开心。我会像我们的校训那样"每天做更好的自己"，好好学习，刻苦训练，争取在更大的舞台上表演！

五年级（4）班　杨怡平

正如杨怡平在信中期盼的那样，话剧《草船借箭》又参加了山东省中小学戏剧节的展示并获得了山东省二等奖。我们把《草船借箭》剧组的合影放大后，挂在了学校音乐教室的墙上，于是校园内有了"诸葛亮""周瑜""小乔"等校园明星们。

我陷入了深思，假如学校没有组建戏剧社，像杨怡平这样的孩子没有找到她们的"生长点"，她们会不会就一直在自卑中做一名"潜能生"呢？我们为人师者，如何才能为"小乔"们找到更适合她们生长的土壤呢？在微信中见过一段富有哲理的话：一块地，不适合种麦子，可以试试种豆子；豆子也长不好的话，可以种瓜果；瓜果也不济的话，撒上一些荞麦种子一定能开花，因为一块地，总有一粒种子适合它，也终会有属于它的一片收成！

后来，我们在学校西侧设立了十二块每月更换的展板，为在书法、绘画等方面有个性和特长的孩子提供了展示的机会；我们每年的六一儿童节和元旦都组织班级和校级的文艺汇演，为在声乐、器乐、舞蹈、语言等方面有特长的孩子提供了展示的舞台；我们组建了足球队、篮球队、田径队等，为在体育方面素质突出的孩子提供了"跑道"。不为别的，就为学校能涌现出更多让人刮目相看的"小乔"们。

　　正如世界上没有两片完全相同的树叶一样，每一个孩子都是独特的个体，每一个孩子的内心世界都是丰富多彩的。我们只有走入孩子丰富的内心世界，才会摸清孩子成长、成功的轨迹，再用爱的阳光普照，用温情的甘露浇灌，那样我们就不仅仅是辛勤的园丁，而是富有爱心、技术精湛的园艺师，呈现在我们面前的不仅仅是一枝独秀，而是鲜花竞放、芳菲满园。

第三篇　师生自由成长的舞台

几千公里只为办好身份证

师语

　　赞可夫曾说过这样的话"漂亮的孩子人人都喜欢，而爱难看的孩子才是真正的爱"。优秀的学生，教师都喜欢，自然他们也就有更多发展自己的机会，可对那些"难看"的后进生，如果教师真的了解他们，很可能会发现他们也有上进心，因为他们对成功有着更迫切的向往。为人师者，应该尊重学生，欣赏学生，珍惜学生的个性，尊重学生的人格，重视学生的创造力。

　　春节开学后的一天，我电话邀请了六年级学生张震的家长来校，与他商议给孩子办理身份证的事情。大家可能觉得奇怪，校长邀请家长来校，不为别的，只为给孩子办好身份证。

　　事情的起因是这样：每年四月份，寿光市教体局都会组织一年一度的阳光体育田径运动会，为了保证参赛队员公平公正地参加比赛，要求所有运动员必须持身份证报名或检录，没有身份证者不能参加比赛。对这一规定，我们非常认同，就应该让每一项比赛真正发挥学生和学校的实力，真正公平公正地比赛。我们圣城小学外来务工和乡镇进城务工子女占到了65%以上，其中也有不少东北、河南等地的学生。那时，办身份证必须本人回到户籍所在地办理，有很多家长觉得孩子还小，还用不着身份证，这就造成了一些身体素质很好，没有及时办理身份证的孩子没有资格参加市里的比赛。

　　张震这个学生我认识，几乎每天傍晚放学后都去操场看学生们训练的我，知道这个学生在短跑方面素质很好。跟他谈心时了解到，他很乐意参加学校和全市的比赛，并且信心十足。

体育教研组长王振杰老师告诉我：张震的老家是东北的，爸妈近几年一直在寿光工作，不回老家，也就没法回去办理身份证。寒假后开学第一天，王老师又问了张震，说他们一家人有没有回东北老家过年。因为没有身份证，估计全市的运动会他将没有资格参赛，但这个学生很想参加比赛。若他参赛的话，学校的4×100米男子接力赛很有希望拿到名次。

与张震爸爸的交流中，我了解到他为人非常坦诚。他们一家人来寿光多年了，家中还有一位老人，也接到了寿光。东北老家只有几个远房的兄弟和亲戚，过年时也想回趟老家，但总是因为工作和家庭的原因，也考虑到来回费用等问题，近几年一直没有回东北老家看看，也就没有机会给孩子办理身份证。

听他说了一些家庭情况和没有回老家的原因。我跟他说道："张震这孩子身体素质很好，很有运动天赋，更重要的是他很喜欢参加比赛，我认为不管多难，我们做家长和做老师的都应该给孩子提供展示的机会，给他提供发展的舞台；工作固然很重要，但亲情更重要，东北老家的兄弟和亲戚也应多走动一下，让张震回趟老家，也能增加一下与老家亲人们的感情。"

听到我诚恳地与他交流，所有的话题都是围绕孩子的更健康、更自信地成长，他有点动摇，开始思考何时回东北老家更合适。我见时机基本成熟，就说出我的打算，"你们这次带张震回去办理身份证，我来负责孩子来回的车票，也算是我为孩子做一点事，回来后，你把孩子的车票给我就行。"我跟他说着。

"校长，那怎么好意思呢？不用，不用，我们也权当回趟老家看看亲戚吧！"

他们一家人利用一个双休日，回东北老家了。回来后，张震爸爸就给我打电话说："孩子的身份证办好了，很短时间就能快递到寿光，保证耽误不了比赛，请放心！韩校长，非常感谢您，要不是您的动员，我可能还不会回老家。这次回老家感触很深，密切了兄弟们的感情，亲戚们也很盼着我们回去，以后我们可能会经常回老家看看。"说到孩子车票的事，他说啥也不要。几千公里回老家，当时的初衷只是为了给孩子办好身份证，他们一家人的行为让人动容。

在接下来的全市阳光体育田径运动会上，张震终于如愿以偿，参加了男子4×100米接力，并且进入决赛，学校历史上第一次进入前八强。这个第一

第三篇　师生自由成长的舞台

次的背后，有学生们赛场上的努力拼搏，有体育教师训练场上的用心付出，也有家长们身后的大力支持，家长永远是学生、教师、学校的坚强后盾。

无独有偶，2018年阳光体育田径运动会前，六年级学生郭立洋的爸爸挤出时间专程带孩子回聊城老家，给郭立洋办理好身份证。郭立洋代表学校参加铅球比赛，取得了全市第四名的好成绩，一个人为学校争得了宝贵的五分。

我去比赛现场看望参赛的师生，在比赛现场，我跟他说："郭立洋，祝贺你取得这么好的成绩，韩老师真替你高兴！等运动会结束后，写一写比赛的体会给我好吗？""好的，韩老师。"他答应得很干脆。

几天后，郭立洋把他写的体会送到我的办公室，这时他却腼腆地说："韩老师，我写得不好，您别笑话我哈。"说完就离开了办公室。

这一次参加全市的比赛，我最应感谢的人是自己的老爸、老师以及敬爱的韩校长。谢谢他们的鼓励与帮助，才使得我有资格站在比赛场上，为学校争光。

因为还有一个多月就要参加全市比赛了，我把这件事告诉了老爸。老爸很看重这件事，说身份证必须先落实了。于是便火急火燎地带我回老家聊城去办身份证。我打心眼里敬佩我老爸，因为他对待任何一件事都不马虎，很细心。

再之后是两位王老师，他们不厌其烦地教我怎样推铅球，怎样才能把铅球推得更远。我也很认真地学，开始时就是学不会、推不远。当我想放弃的时候，王老师说再练习几次，总会成功的。我便就多练习了几次，最后我成功地推出了8.7米的成绩，让老师感到了一些欣慰，总算没有白教我一场。

还有韩校长，归根结底，都是出于他的功劳。是他让我有了推铅球的机会，是他让我跟对手有了打交道的机会，是他让我走上了比赛的道路，非常感谢他。以后，我会继续努力训练，认真刻苦学习，为学校争光。

郭立洋的语言有些稚嫩，有些词不达意，但却是真情实感的流露，我认真地保管着孩子写给我的这些文字。

我深知体育工作是学校教育的重要组成部分，是实施素质教育的主要渠道，是实现核心素养的重要方面。体育可以激发学生顽强拼搏的精神，可以培养学生的健全人格，可以锻炼学生的意志品质，提高心理素质，促进身心健康，促进全面发展。

曾听一位教育专家说过"一个学校的管理水平，看两个地方就足够了，一个地方是卫生间，另一个地方是操场。"我的理解是看卫生间，能看出学校管理者的精细化管理水平；看操场，能看出学校管理者对学生身心的关注程度，从体育课堂的组织看出学校的课程构建和课堂效率，从学生们的身上能看出学校的活力和发展潜力。

寿光市圣城小学面积小，操场不达标，生均体育用地严重不足，面对这样的校情，我们没有抱怨，我们不找借口。学校优先配备了体育教师团队，激发体育教师团队的活力；体育教师自编了"弟子规韵律操"，将体育课程与传统文化相结合，强身健体的同时让学生们知晓做人做事的道理；开展阳光体育大课间活动，包括广播操、冬季跑操、拔河比赛等都是人人参与的体育课程；利用放学后延时服务和周末节假日，组织足球队、田径队、乒乓球队、篮球队等学生社团，进行个性化训练；很多家长志愿者主动帮助训练、陪练、提供各类运动服等。

在狭小和拥挤的天地里，我们管理团队始终坚持"学生中心，健康第一"的理念，谱写了"小天地大体育"的诗篇！2017年寿光市"阳光体育"运动会上，学校体育健儿奋力拼搏，在所有市直学校中取得第二名的好成绩；2018年潍坊市乒乓球锦标赛中，圣城小学乒乓球队代表寿光参赛，取得优异成绩，荣获男子乙组团体赛、女子乙组单打冠军，女子乙组团体、男子乙组双打获亚军，实现历史性的突破。

📖 践 谈

精心育人就是关心、关爱每一名学生的成长，注重学生全面发展和个性培养，把教育工作做精、做细、做深、做实，遵循教育教学的基本规律，因材施教，深化教育教学改革之路，把教育的激情与魅力，融入育人的全过程中。

56个班级，56个民族

师语

　　习近平总书记在2018年全国教育大会上强调，"要在厚植爱国主义情怀上下功夫，让爱国主义精神在学生心中牢牢扎根"，这就告诉我们，爱国主义是学校必须为学生提供的一堂人生必修课。在学生内心深处播撒下爱国的种子，使之生根发芽、开花结果，事关"培养什么人"的深刻命题。弘扬爱国主义精神，必须要从少年儿童抓起，让爱国主义精神在学生们心中牢牢扎根，培养他们的爱国之情，让爱国主义精神代代相传、发扬光大。

　　"我第一次见到这样别出心裁的运动会开幕式，一个学校的学生们将56个民族进行了精彩的展示，这哪儿是运动会呀，简直就是一个中华各民族团结的大会！"参加运动会志愿服务的家长王鹏景先生感慨地说着。

　　2019年4月1日下午，我们举行了"民族风·一家亲"2019年春季阳光体育运动会，整个开幕式办成了民族课程的汇报展示会，开幕式由56个班级"化身"为56个民族代表团参加，学生们身着民族服装、手持民族特色饰物进行展示，每个班级、每个学生都融入"五十六个民族是一家"中。让我们感动的是，所有的班级，所有的学生全部参与其中，所有的服装、道具学校没有投入一分钱，全部由各班的家委会组织家长动手制作或者购置的。让我们意想不到的是，每一个民族都展示得非常精彩，说实话，远远超出我们的预料。

　　为什么要举办这样一场别开生面的"民族风·一家亲"特色运动会呢？这件事情还要从2016年9月说起，从那个学期开始，我们学校全部破解大班额，一下子由49个班扩大到56个班，56个班的状况一直持续到今天。也是从那个学期开始，我们加大了课程整合的力度，全体教师认真研究课程的构建与实施，我们校务会成员在一次交谈中，突然想到，我们现在56个班，是不是可以做一下56个民族的课程，我们为这一想法感到兴奋。

就这样，我们学校开展了"56个民族系列课程"，每个班级选择一个民族，学生们在教师的带领下，从民族的起源、文化、语言、文字等方面进行深入研究。

在两年多的时间里，各班持续地研究，并创新性地想出了很多展示的办法。每个班级的主题文化墙都展示着民族课程研究的成果。一年级一班研究的民族是门巴族，学生们在家长和教师的帮助下，用儿童画、手抄报等方式，把门巴族的语言、地域、传统文化、生活习俗进行了详细地展示。二年级二班研究的布依族，学生们用情景剧配合演示文稿的方式，将布依族的特色进行了淋漓尽致地展示，用心的教师还邀请了部分家长来观看学生们的精彩演出。

2018年11月19日，云南省德宏州芒市教育考察团一行20余人来到寿光市圣城小学，进行了为期一周的友好合作交流。经中国教育科学研究院牵头，圣城小学与云南省芒市民族小学、芒市遮放镇中心学校签订了对口帮扶协议，建立了友好合作关系。

我带领考察团参观了学校的"崇圣向党"系列主题文化、二十四节气读书长廊、56个民族主题课程展板，芒市民族小学蔡欣校长在参观完校园文化之后感慨地说："圣城小学校园文化是接地气的，真正体现了让'学生站到学校中央'的核心理念，做到了每个角落都育人！"并提到，她们一行中有三位少数民族的教师，可以与相关的班级交流一下民族的风俗习惯。

这可是我们梦寐以求的鲜活资源。我们当即请傈僳族、傣族和阿昌族的三位教师分别到研究这三个民族的班级，三位教师的到来，让我们的教师和学生们兴奋不已。"我们班以前研究的资料基本上都是从网上查找的，学生们借助这些资料来学习，这次民族小学老师的到来，给我们介绍的民族习俗让学生们大开眼界！"四年级八班的李老师这样说着。

"同学们，听说你们班在研究我们傈僳族，我特别高兴，就来到了咱们班。我是傈僳族人，来自云南省，是芒市民族小学的老师，我们两所学校是友好学校，欢迎老师和同学们有机会到我们学校去参观哦。我给大家讲一些我们民族的特色，有的可能是同学们还不了解的。我们傈僳族人发明了惊险无比的'溜索'，男女老少在江河上飞驰而过，赢得了'飘飘傈僳'的美誉。我们特别爱唱歌，是一个以歌为伴的民族，对我们来说，盐可以一天不吃，但歌不能一天不唱……"

"你走东，我闯西，兄弟情谊酒中融；你隔山，我隔水，隔山隔水难隔情。"这位傈僳族教师以最美的歌声结束了与学生们的分享，学生们报以最热烈的掌声。

云南芒市教育考察团走后，我就在思考，各班的民族课程已研究了两年时间，如何为学生们提供一个展示的平台呢？这个问题在我头脑中萦绕了三个多月的时间，其间我与管理团队也进行了交流。直到三月份，我们准备一年一度的学校春季运动会，我们才想到了用开幕式的方式，让所有的班级，所有的学生全部参与民族课程的展示。

时间有些紧，又缺少经验，我们只想让每一名学生能展示，效果如何没有多去想。仅开幕式民族课程展示，我们就用了两个半天的时间。我们管理团队给了师生一个平台，师生还给了我们一个大大的精彩。每走过一个班级，每看过一个民族的展示，我的心里都有许多感慨涌上心头。感动于老师们的用心策划与精心准备，感动于学生们的精彩展示和激情满满，感动于家长们的大力支持和无私援助！

负责宣传的教师专门在寿光日报刊发了《"民族风·一家亲"民族课程风采》专版，从中摘录两个学生写的体会共享。三年级的吴语晨同学写道："五十六个民族，五十六枝花，五十六族兄弟姐妹是一家……"今年学校运动会主题就是"民族风·一家亲"，我们班代表的是"保安族"。保安族是从遥远的青藏高原迁徙而来的，有两万多人口。刀是这个民族的精神和英勇果敢的象征，砖雕门楼是这个民族热爱生活的象征，花是这个民族对爱情生活的吟诵和歌唱。中华人民共和国成立以后，于1952年根据本族自愿，定名为"保安族"。通过这次活动，让我们了解到了各个民族的风俗、特点等等，每个民族都是我们大中华不可缺的一部分。五年级的任家驰同学写道：我们班代表的是达斡尔族，达斡尔族主要分布于内蒙古自治区莫力达瓦达斡尔族自治旗、黑龙江省齐齐哈尔市一带。他们的服装以袍式为主，主要受到蒙古族和满族影响较大。他们的饮食是以米饭、饼干和粥为主。他们的舞蹈也是融合了蒙古族和满族的舞蹈。这次运动会使我明白了我国是一个自由平等、民族众多、幅员辽阔的国家，有56个民族，每个民族都有自己的特色，都是社会主义国家大家庭中的一员！

2019年7月16日，潍坊市关心下一代工作现场观摩研讨会在寿光市召开，圣城小学是其中的一个观摩现场，当听完小解说员在展板前介绍的"民族风·一家亲"活动后，潍坊市关工委赵兴涛主任点头称赞，观摩活动结束时他评价说："你们的德育活动很创新，在这样的活动中孩子们一定会受到良好的教育！"

践 谈

少年兴则国兴，少年强则国强。少年儿童是祖国的花朵，是民族的未来，对儿童的教育关乎着国家的未来。爱国、爱党教育要从小抓起。他们长大之后才有可能成为祖国的栋梁之材。我们进行爱国主义教育，就是让学生要从历史的长河中寻找源头，从社会的进步中汲取力量，从一代又一代人的奋斗中获得启示。

红色研学种下红色种子

师语

"爱国是文明人的首要美德。"环顾寰宇，人们不分肤色，都称呼祖国为母亲；国无论大小，都理直气壮地把爱国教育作为必要的公民教育。最是情怀动人心。自然流露的拳拳爱国之情，何以能够内化于心、外化于行？从根本上说，离不开爱国主义教育。倡导知行合一、身体力行，把对祖国之爱融入日常、付诸行动，正是激发爱国主义教育正能量的有效途径。

近日，"五星红旗拥有14亿护旗手"的话题冲上微博的热搜。潍坊教育发布公众号在微信中展示了《超燃！五星红旗有14亿护旗手冲上热搜！潍坊孩子来报到》的文章，文中的第二幅图片是我们圣城小学的学生高擎国旗、阔步向前的运动会开幕式，图片下面配的文字是寿光市圣城小学：我爱你，祖国，我是一名光荣的少先队员。

为了给学生们扣好人生的第一粒扣子，让学生们汲取"红色营养"，当好"红色基因"的传承者，我们开展了"党史国史进校园活动"。我们把1840年鸦片战争到进入新时代中国特色社会主义的国家发展历程，把中国共产党从1921年建立到十九大的发展历程，用图文并茂的方式全景式展示在校园内，让师生们每天耳濡目染，进行潜移默化的影响和教育；我们请优秀的少先队辅导员给学生们讲五星红旗、讲国徽标识的意义，请老校长徐洪业给学生们讲国史，请老党员给学生们讲党史；在国旗下讲话中，我给学生们讲国旗、国徽、国歌的意义；音乐团队的教师们认真教会每一个学生唱国歌，每一次升旗仪式，国歌响起的时候，让学生们感受到作为一名中国人的自豪。

在一次"心系中国梦"主题升旗仪式上，五年级张凯瑞同学做国旗下讲话，"起来，不愿做奴隶的人们，把我们的血肉筑成我们新的长城……随着鲜艳的五星红旗冉冉升起，嘹亮的国歌又在耳边响起，每每这时，即令我心潮澎湃，它一直激励着我们前进、前进、前进。少年智则国智，少年强则国强。作为一名光荣的少先队员，就一定要心系中国梦，而要实现中国梦就一定要有中国心，就要从现在起努力学习！"这个学生铿锵有力的话语让每一位师生精神振奋。

课程是育人的主要载体，活动是育人的有效方式。为了让师生们更好地传承红色基因，给学生们从小种下"红色种子"，我们组织师生进行了系列红色研学和红色教育活动。

2017年8月，中国教科院"学本课堂"项目组邀请我们的师生团，到北京师范大学参加全国第三届教育创新成果公益博览会的"学本课堂专场展示"。宋瑜主任带队，潘秀美主任与学生们一起展示了精彩的课堂。在去北京的车上，我询问了几个同学，他们有很多是第一次到北京，更别说有机会观看天安门广场庄严的升旗仪式了。我想让学生们通过观看升旗仪式，增强他们的家国情怀。

我们住的地方离天安门很近。展示的第二天，我们带着学生们早早来到天安门广场，我特意给每一个学生带了一面手持小国旗。

在升旗仪式开始前，我让师生们面向人民英雄纪念碑，以天安门为背景，师生们手举小国旗，拍了几张合影。当升旗仪式结束，回到住的地方，梳理照片时，发现几乎所有的照片都有几个学生扭头看向国旗的方向，实在找不到一张全部是正脸的，我就选择了其中一张保存了起来。在那张照片上，肖雅若男这个活泼可爱的女孩，扭头看向国旗。后来我跟她开玩笑："肖雅若男，我给你们拍照时，你咋不看镜头，在看什么，在想什么呢？"这个女孩调皮地说："韩老师，我们那时就只想着什么时候升旗，根本不想让您照相，哈哈！"

宋瑜主任在活动体会中写道：带着向往，带着梦想，带着崇高的敬意……和学生们来到天安门广场，体验升旗仪式。人山人海，安静有序，《义勇军进行曲》激荡在每个人的心中，学生们的小手举过头顶，望着由无数革命先烈鲜血染成的五星红旗冉冉升起，为自己能生在红旗下，长在红旗下感到自豪，一种满满的幸福感和安全感溢上心头。

2017年暑假，袁学明校长带队，组织党员到孟良崮进行红色教育活动，全体党员在纪念馆前面向国旗进行庄严的宣誓活动。然后怀着崇敬的心情参观了孟良崮战役纪念馆。母送子、妻送郎、妹妹送哥上战场，每个场景都感人至深。沂蒙六姐妹主动挑起拥军支前重担，为部队当向导、送弹药，带领全村为部队烙煎饼15万斤，洗军衣8000多件，做军鞋500多双，运柴火1700多斤。在冰冷的汶河水中，30多名妇女一字排开架起了"人桥"，保证战士们从她们的肩头踏过成功渡河……这些画面让我们久久地感动着。"一位位沂蒙红嫂的事迹让我们党员们感动、震撼，这次红色教育活动，我们感触太深了！"邵学刚主任说。

2018年春天，我们组织了市内的红色研学活动，四年级所有学生全部参与，学生们在孙集镇参观了寿光市青少年德育宫和陈少敏纪念馆，参观了寿光市历史文化中心。在牛头镇抗日武装起义纪念碑、巨淀湖红色广场，学生们听着工作人员的讲解，追寻红色足迹，接受革命传统教育。

带队的李政校长在总结那次红色研学活动时说："在我们市内组织这样的红色研学活动，让学生们了解我们寿光的党史，了解我们寿光的发展，让学生们感受到社会主义新农村的建设，从细处培养学生们热爱家乡、热爱国家、热爱中国共产党的意识，这样的研学活动很有意义。"

2019年7月初，我们党支部组织退休的老党员进行"不忘初心、牢记使命"主题教育活动，分别到巨淀湖抗日教育基地、陈少敏纪念馆等接受红色教育。在陈少敏纪念馆内，讲解员生动地讲解了一幅幅珍贵的历史图片、文献资料及革命文物的由来，老党员们驻足观看，认真聆听，详细了解了陈少敏烈士从一名战士成长为党的重要领导的人生轨迹，对革命先烈的牺牲奉献精神有了更加深刻的认识。老校长刘秀芹返校后，激动地说："感谢学校党组织给我们这么好的学习机会，让我们走进红色教育基地，去了解党的历史，感受红色文化。我们这些老党员也要不忘初心，牢记使命，继续发挥我们的模范带头作用！"

践谈

教育是国之大计，教育是党之大计。"为谁培养人，培养什么样的人，怎样培养人"，这是习近平总书记在北京大学师生座谈会上提出的教育命题。培养社会主义建设者和接班人，是我们党的教育方针，是我们每一个教育者的共同使命。我们开展红色教育和红色研学，传承红色基因，种下红色种子，让学生们在红色革命文化的引领下，成为拥护中国共产党，热爱社会主义的建设者和接班人。我相信，在我们祖国的大地上，为每一个学生从小植入中国心，传承红色基因，我们中华民族伟大复兴的梦想就一定会实现。

第三篇　师生自由成长的舞台

公园四季变脸

　　寿光市圣城小学紧邻占地350亩的仓圣公园，为"小学校做大课程""小学校办大教育"提供了得天独厚的条件。福建省实验小学的教师来校观摩，傍晚时间与他们一起在公园内走了一圈，赵老师非常羡慕地说："你们圣城小学就是公园里的学校，也可以说你们有一个很大的前花园，一个巨大的社会实践园，这里面的动植物资源和人文资源足够你们师生研究的。"

　　仓圣公园始建于1991年，位于公园街与渤海路交叉路口处，是一处以纪念造字圣人仓颉为主题的集游玩、娱乐、休闲于一体的综合性开放式公园。园内建有假山、人工湖、坡岭、仓圣纪念堂、仓颉雕塑、雷锋雕塑、翠竹亭、重檐亭等建筑物。公园按功能和造园景观意境不同，共分为蓓蕾春晓（青少年、儿童活动区）、莲香涵波（湖区）、文奇聚秀百啭鸣奏（动物区）、群芳斗妍（花卉区）、春华秋实等8个景区。仓圣公园以她秀美的风姿和丰厚的文化内涵成为寿光市民休闲、娱乐、健身的良好场所和青少年科普宣传教育基地。

　　美丽的仓圣公园，四季景色各异。公园的四季变脸，也给我们的教师和学生带来了不一样的课程，带来了不一样的实践体验。只要天气允许，几乎每个星期都有我们小学和幼儿园师生在公园内活动的影子。

春天到了，公园内鲜花盛开，红的、黄的、粉的，整个公园成了一片五彩斑斓的花的海洋。蝴蝶们扑扇着美丽的翅膀来了，蜜蜂们嗡嗡地唱着歌飞来了，公园内游客的笑声响起来了，我们小学和幼儿园的学生们在教师的带领下，也成群结队地走来了。"寻找春天"成了每个班级每个学年的必修课程。

"老师，您看这些黄花的花瓣是四片的，而我刚才看到了那一大片黄花的花瓣却是六片的。"三年级二班的王俊涵同学好奇地问道。"你观察得真仔细，这些四片花瓣的是迎春花，刚才那一大片六片花瓣是连翘，你们再仔细看看，看上去样子差不多，但是花朵、叶子等方面都有差别呢？"张老师耐心地解释着。五年级刘昊同学在他的日记中写道：春姑娘来到公园了，一朵朵的花，一棵棵的草，都绽放了笑容。嫩黄的迎春花前，碧绿的人工湖畔，盛开的桃花林里，都有我们同学们的欢呼雀跃的身影，美丽的仓圣公园成了我们的欢乐场。

雷锋雕像前，我们三年级的全体同学正在举行"学习雷锋精神、争做文明志愿者"活动。每年的学习雷锋纪念日，我们都是在公园的雷锋雕像广场举行。宣誓活动对束后，学生们会在教师和家长的带领下，在公园内进行文明志愿服务活动，帮助环卫工人捡拾垃圾，向游客宣传环保知识等。"这些孩子们素质真高，这些孩子们很懂礼貌……"游客们啧啧称赞。

夏天到了，仓圣公园变得郁郁葱葱，各类树木枝繁叶茂，成了城区负氧粒子最多的地方，成为润泽中心城区的"绿肺"。"我们设计、建设这些低洼区域，是便于蓄水，增加公园内的水分，这是我们寿光市积极建设海绵城市的一部分。"住建局的家长志愿者正在带领学生们做"海绵城市知多少"的课程。"噢，原来公园里面这些低洼的地方有这样的用处，我们以前还真是不知道哎！"学生们一边倾听一边深有感触地说着。

秋风一起秋叶飘扬，仓圣公园的秋天显得韵味十足。"秋思秋韵"的课程正在公园内进行着。学生们在课堂中学习《秋天的雨》，用学到的方法来阅读语文主题学习丛书中的《秋思》等文章；然后到公园内观察景物、体验秋天；有特长的学生在美术教师的带领下画秋天；还有用心的教师组织学生捡拾各种各样的树叶，在综合实践课上，制作树叶粘贴画；有的班级举办"收获的秋天"学习成果展示汇报会，把自己写秋天的习作、画作、粘贴画等进行展示交流。

冬天的仓圣公园更有别样的风味。下雪了，白雪覆盖了公园内的草坪，雪地里来了一群群的灰喜鹊，吸引着成群结队的学生们的目光。寒冷挡不住教师和学生研究、探索的热情。冬天时，研究"身边的植物"的班级，把一年四个季节，每一株植物、每一棵树的四季变化进行梳理、展示、交流；"寻圣贤足迹、做圣贤少年"的研究团队在雪地上踏出串串脚印，在仓颉纪念堂参观、瞻仰。

公园四季景色不同，给我们的学生带来不同的课程资源。辛勤的教师充分利用这些丰富的资源，引领学生做着有意义的课程。公园系列课程的开设，让学生亲近了自然，走近了社会，了解了生活，也增强了学生保护环境、绿色生活的意识。公园留下了圣城小学师生的脚步，留下了快乐，更留下了文明。

我习惯于坐公交车或骑公共自行车上班，每每喜欢在公园东门下车，然后从公园内步行半圈，来到学校上班，自己感觉这样的方式最舒适。步入仓圣公园的东门，首先映入眼帘的是高耸的文圣仓颉雕像，他仿佛用深邃的目光审视世间的万象，他是文明的象征。顺着健身的人流，一路向前。走过高大的雷锋雕像前，他挥舞的手臂在召唤着人们助人为乐，做文明志愿者，在他精神的感召下，寿光的志愿者们活跃在各个角落，寿光成了全国文明城市。

公园四季景色各异，每天变的是景物，不变的是文圣和雷锋的精神，不变的是每天在健身跑道上充满活力的健身者，不变的是那些吹奏乐器、打太极、跳"鬼步舞"的市民的执着，他们每天都充满活力，每天都开心健康地生活。他们身上的精神和力量鼓励着我，我用更坚定的步伐走向学校，走近师生，与圣城小学的师生一起快乐地工作学习，开心地过好每一天，正如我们的校训那样"每天做更好的自己"。

公园四季变脸，给师生带来不一样的课程，给我带来积极向上的正能量，愿这些正能量能传递到每一位教师、每一个学生，甚至每一位家长！

践谈

我们常说"跳出教育看教育"，在实践中，更应该积极挖掘利用校外资源。学校是教育的主要场所，但教育的范围和内容并不局限于学校里面，因为学生总归要走出学校、走向社会，所以，很有必要让学生接触社会、接触自然，让教育的内涵更大，让学生的视野更宽，这样学生会有更广阔的成长空间。

带着眼睛上路

师语

　　陶行知先生主张："生活教育即以社会为学校，自然教室的范围，不是在房子里，而是在天地间。需要研究农事，教室就在旷野里；需要研究工业，教室就在工厂里。"学校教育不能故步自封，更不能闭门造车，只有让学生走出校门，亲近自然、亲近社会，带着眼睛观察，用脑子思考，才会有独立的思想和认识，才会为将来走上社会打下坚实的基础。

　　在寿光市圣城小学，小记者们在周末和节假日，走进社会、走入自然，活跃在各个活动现场，带着眼睛上路，用心灵去体验，一篇篇饱含真情实感的小文章见诸《寿光日报》，这是学校坚持了十几年的"小记者"课程。

　　做一件事不难，做好一件事也不难，多年坚持做一件事不易，多年持之以恒做好一件事，就会做出特色，做成品牌。

　　王建军主任把十多年来小记者们的活动以图片、学生作品等融合的方式，编印了五本厚厚的《带着眼睛上路》书，承载着十多年来学校小记者们的足迹，在我面前展开了"小记者"课程的"画卷"。我静心品味着学生们略带稚嫩的语句，欣赏着小记者们活动的每一个场景，自己也仿佛随着小记者的足迹，重走了一个个现场，有几次都忘记了吃饭时间。

　　每一本《带着眼睛上路》书的前言都有一段话：

　　给孩子们一片关注的空间，让他们自己往前走；给孩子们一段探究的体验，让他们自己去经历；给孩子们一个交往的场景，让他们自己去锻炼；给孩子们一个个性的舞台，让他们自己去展示；给孩子们一个研究性问题，让

第三篇　师生自由成长的舞台

他们自己找答案。

我想这应该是小记者社团的愿景，这应该是"小记者"课程的目标，这应该是一个导航仪，这应该是一幅路线图。

循着这样的路线，为了开阔学生们的视野，提升学生们的综合素养，给学生们提供一个展现个性风采的舞台，2004年4月，圣城小学成立小记者团，成为全市第一个小记者社团，选调了富有经验的语文教师做指导，并从电视台、报社聘请了多名资深记者为指导教师，利用活动时间对小记者们进行全面培训。2008年10月，寿光日报小记者站在圣城小学挂牌成立，借助报社资源和平台，小记者在指导教师和报社记者的带领下，走出校门，进机关，入工厂，看报社，到商场……小记者的足迹遍布寿光、临朐、潍坊等地，参观访问的企事业单位多达146处，写下了各类稿件12500多篇。

为了让学生更真切的接触社会，我们倡导学生走出校门，踏进社会，用眼睛发现写作素材，体会生活处处皆文章；在活动过程中，学生们的观察能力、实践能力、交往能力、想象能力、创新能力得到显著提升。"带着眼睛上路"系列活动在《寿光日报》设立专栏，在《寿光日报》上连续刊登108期，深受家长和小记者们的关注和喜爱。《带着眼睛上路》就是在这段时期产生的。

"学生成长在活动中"是顾明远先生的重要教育主张。顾明远先生早在20世纪80年代就提出"学生是主体"的重要论断，坚持以学生为主体，让学生在活动中成长。"学生成长在活动中"可谓浅显易懂，似乎既无深意，也无新意，但却在每一个学生身上发生着神奇的变化。

小记者杨舒晴在《有一种承诺叫坚持》一文中写道：在"感动寿光年度人物"颁奖典礼上，我有幸以小记者身份采访了张秀君阿姨。"有一种承诺叫坚持，有一种坚持叫伟大。"因为当年的一个承诺，张秀君阿姨嫁给丈夫后，悉心照料生活不能自理的二大伯哥，十七年的精心服侍，十七年日复一日的劳累，她从没有抱怨过。当我问她"阿姨，这么难的日子您是怎么走过来的？是什么力量让您坚持了十七年？"阿姨说："我既然来到了这个家里，有缘成为一家人，就有责任和义务照料好俺二哥。"听着一句句朴实的话，我的心里暖暖的。

小记者们到供电公司和巨能电气公司进行了体验与采访活动。

"电是怎样产生的呢？它是怎样区分高压和低压的呢？它又是如何进入

千家万户的？好多好多与电有关的疑问一直困扰着我。今天，我们圣城小学的小记者们有机会走入供电公司，走入这'电'家门，去破解电的奥妙。在宽大的调度室里，我们看到在一个巨大的电子屏幕上，有许多不同颜色的小电灯，小电灯下面分别标着不同的地点。例如，圣城站、洛城站……听郭阿姨讲，我们寿光市各处的电，都是在这儿用电脑调控出去的。我突然想到了我们的大脑，那么这儿就是我们寿光所有电网的大脑了吧，在这里工作的叔叔阿姨可真够辛苦的。"马明欣同学发表在寿光日报上的《光的来源》中这样写道。

小记者刘慧君说："在返校的车上，同学们兴高采烈地交流着供电公司的所见所想，而我却静静地看着路边的电线，想起了在炎热的夏天和寒冷的冬季爬到电线杆上检修的叔叔们，想起了在发电厂工作的阿姨们岗位上的辛苦，仿费看到电力工人们流着汗水辛苦劳动，把电送进了千家万户，也把光明送进了千家万户"。

"我们见到了果园里的老爷爷，他慈祥的脸上洋溢着微笑，让我们很感动很温暖。我们来到树下，树上的苹果宝宝涨红了小脸，好像因为我们的到来激动不已。比赛开始了，我们小组分工明确，配合默契，不一会儿就摘了六大袋子。最终，我们组获得了冠军，我想这并不是我一个人劳动所得到的结果，而是大家共同努力的结晶。"在一次小记者深入采摘园的体验活动中，学生们竟有这么深的感悟。这是杨松熠同学在自己的日记中写的一段文字。

"我当小交警""我当小城管""今天我当家""体验妈妈的一天"等课程，让学生们模拟了不同的社会角色，体验着各类职业的不同，既锻炼了学生们的自立自理能力，也体验了各个工作岗位的不易。王嘉洋同学做了一天的小城管，在《我当小小城管员》中写道：摆自行车、清理店外乱推的货物、清理占道的摊点都是他们工作的范围，城管叔叔阿姨们每一天都重复着这些琐碎的事情，除了辛苦还要经常面对人们的不理解，可正是他们的平凡单一的工作，却让我们的城市更清洁、更文明了……

因为圣城小学小记者站是寿光日报的第一个小记者站，我们的小记者们也是非常幸运的。他们有更多的机会与名家面对面，采访儿童作家杨红樱，采访人大代表，向政协委员提建议等。他们有更多的机会参与各类活动，有更深的体验和更大的提升。

践 谈

　　"学生成长在活动中"，我的理解是，给学生提供更多体验和活动的机会，搭建更多个性展示的舞台，以富有灵魂的教育活动提升学生的生命质量。"让学生成长在活动中"，真正实现以学生为主体，让学生自由参加各类活动，在活动中收获知识和智慧，也收获技艺与成长。在生活中体验全新的学习，这样的学习对教与学都会产生深刻的变革，既改变着学生的学习状态，也改变着教师的思维方式。

为了心中的一抹绿

师语

　　著名教育家魏书生曾建议，无论是父母还是教师，都要为孩子树立一个学习的榜样，不但要有书本上的大榜样，还要有生活中的小榜样，让孩子从榜样的身上吸取他人的优点，学习他人的长处，来鼓励自己上进。这比给孩子空讲做人做事的道理有用得多。父母和教师可以让孩子多读名人的奋斗故事和成长的经历，而且要多给孩子介绍身边优秀者的故事，让孩子能够有机会亲身感受他人的品质和精神，从他人身上汲取奋斗的养料。

　　2019年10月1日上午，我与部分教师和学生们，在学校的圣贤学堂全程观看了盛大的阅兵式，70年的发展成果，70年的祖国腾飞，让我们震撼，让我们激动不已，为生活在新时代感到无比幸福。

　　10月2日晚，我在家怀着崇敬的心情，全程观看了中央电视台《礼赞最美奋斗者》，看到我们寿光的两位功勋人物获得了全国"最美奋斗者"。为隆重庆祝中华人民共和国成立70周年，中央宣传部、中央组织部等多个部委共同组织开展"最美奋斗者"学习宣传活动，引导人们永远铭记各行各业奋斗者为党和人民做出的重要贡献，永远铭记新中国筚路蓝缕、艰苦卓绝的奋斗历程，永远铭记英雄模范承载的爱国奉献奋斗精神，在全社会大力唱响礼赞新中国、奋斗新时代的昂扬旋律。

　　这些"最美奋斗者"涵盖了中华人民共和国成立70年来的各个不同历史时期涌现的忠诚于党、报效祖国、扎根基层、奉献人民的英雄模范，具有广泛的代表性、鲜明的典型性、强烈的时代性，是永载史册、彪炳千秋

第三篇　师生自由成长的舞台

的先进模范。

王乐义书记和王伯祥书记是寿光人家喻户晓的老模范。他们的光荣入选是寿光的骄傲与荣耀。1989年，王乐义书记带领村民研制成功了深冬无需用煤炭而靠太阳能加温的冬暖式蔬菜大棚，结束了我国北方冬季吃不上新鲜蔬菜的历史，在广大农村掀起了一场"绿色革命"，并将冬暖式蔬菜大棚技术推广到全国。王伯祥书记，在任寿光县委书记期间，发挥种植蔬菜传统优势，大力发展蔬菜批发市场，扶持冬暖式蔬菜大棚试验推广，改写了寿光农业发展的历史。

我自己的理解，两位老模范成为全国"最美奋斗者"，似乎都与"绿色"有关。寿光市圣城小学的学生们与三元朱村王乐义书记，也因"绿色"而结缘。在小记者们的眼中，那一抹"绿"是三元朱村一亩亩绿油油的农田，是冬暖式大棚里一筐筐带着露水的鲜亮蔬果……二十年来，圣城小学一批又一批的学生来到这里，采访、学习、实践，他们的点滴进步也随着三元朱村一步步地农业升级改造而日渐成长。

二十年，因绿结缘。据学校资料显示，圣城小学（原寿光市工业职工子弟小学）的第一批学生与三元朱村结缘于20世纪90年代末，而当时也正是三元朱村农业起步期，可以说在某种程度上，三元朱村的发展与圣城小学的学生们是同生共长的。遗憾的是限于当时设备落后，资料不完整，当时的活动情景只有几张泛黄的老照片，当时的情景只能从部分老教师口中听到只言片语，也就是从那时起，圣城小学与三元朱村因这一抹"绿"而系上了缘分的纽带，此后，不论哪一任校长，几乎每年都组织学生们去三元朱村体验"绿"的圣地，一批又一批圣城小学的学生在三元朱村收获见闻、收获知识、收获成长，缘分从此生根发芽，落地长成……

二十年，弹指之间。圣城小学的师生有幸亲眼见证了三元朱村的起步、发展和强大。二十年前，三元朱村还是一个贫穷的普通村落；二十年间，在王乐义书记的带领下，三元朱村人明确农村改革的发展方向，创建无公害蔬菜生产基地，用科技带动新农业发展模式，以绿色低碳、生态宜居为目标，打造高端环保人居环境……而二十年后的今天，三元朱村人在提升蔬菜产业品质，建设小康社会，实施乡村振兴战略上砥砺奋进、阔步前行。现今三元朱村已经发展成了为人称道的现代文明村庄。

在小记者们的眼里，见证了一个个普通农民，靠着科技的引领，用土地做文章，把农业做大、做强的具体事例，也记录了农业史上这浓墨重彩的绚丽一页。

2019年4月，我随着圣城小学研学团的学生们再一次走进了"绿色革命"的圣地，再一次与王乐义书记面对面交谈。这是我第四次随学生一起来到三元朱村。"乐义书记特别喜欢孩子们，每一次听说孩子们要来，就调整自己的工作安排，与孩子们合影留念，给孩子们讲冬暖式大棚技术的发展，讲社会主义新农村的建设。我们感觉很奇怪，乐义书记工作那么忙，有时一些领导或外地的客人们来参观地因工作太忙而顾不上接待，但孩子们来时他却总有时间。"村办公室的王主任跟我们说着。

这一次我们的学生给乐义书记带去了一份"特殊的礼物"——一本小小的画册。这本小画册，记录着二十年来，圣城小学的师生们在三元朱村活动的一幕幕场景。乐义书记认真地翻看着，不停地感叹。"这个礼物我喜欢，看到孩子们来，我特别高兴。你们很用心，这二十年来，孩子们来我们村的所有照片，你们竟然都存着，这对孩子们也是很好的教育啊！"

"今天的研学旅行，我收获特别大。我亲眼见到我们心目中的英雄——王乐义书记，他还给我们讲了很多大棚的技术，还跟同学们合影留念；我们在农圣贾思勰的雕像前，听导游讲农圣的故事；我到蔬菜大棚内采访了正在收获果实的阿姨；我在青少年德育宫学到了很多；我们还参观了陈少敏纪念馆……"王梓萌同学在游记中写道。

在乐义书记的办公室，他动情地说："总书记嘱托不仅要带领村民发家致富，也要办好教育。为了给孩子们从小种下红色种子，我们建设了青少年德育宫，这里面的英模和榜样会让孩子们从小受到教育和鼓舞。"

在老模范身上，我们看到了为家乡振兴、为国家富强、为民族未来的那份担当与责任。关爱孩子，就是关注民族的希望；重视教育，就是重视国家的未来。作为一名普通的教育工作者，我们能做的就是关注好每一个学生的健康快乐，让学生们在学校和社会的学习实践中，不断丰富知识与健康成长；我们能做的就是关注好每一个学生的思想教育，让学生们从小种下红色的种子，在红色文化的熏陶下，做合格的社会主义建设者和接班人；我们能做的就是用"最美奋斗者"的精神，去激励每一个学生，在"绿色革命"精神引领下，不断向上、向善成长。

"且持梦笔书奇景，日破云天万里红。"与发展中日新月异的三元朱村一样，圣城小学的学生也会以最美的姿态努力成长，努力向上，迎接最美的青春。

📖 **践谈**

"以身教者从，以言教者讼。"每个人在学习成长的过程中，都有学习的榜样，榜样就像一盏明灯，指引着我们不断前行。习近平总书记说："幸福都是奋斗出来的。"每一分收获都是辛勤汗水换来的，每一个奋斗者都是最美的。学校肩负着培养国家栋梁的重任，让每一个学生都有目标，就要让学生在心中树立向榜样学习的追求和目标，让榜样的力量激励学生成长成才。

给个舞台就精彩

苏霍姆林斯基说："没有也不可能有抽象的学生。"所有的生命都是充满价值的，都是独一无二的，都是充满差异的，教育应尊重生命。作为教育工作者，应该相信学生，信任学生，大胆把成长的权利和自由交给学生，给每一个学生创造成长的机会，绽放精彩的舞台，让每一个学生绽放生命的精彩。

2017年5月份，各学科教师组织学生参与综合素养展示活动，又有几个省内外的教育考察团来校观摩研讨，学校工作有一点忙乱。负责艺术的干部和教师找到我，略带歉意地汇报校园艺术节的准备情况，担心没有时间组织选拔与训练，可能拿不出一台像样的节目，不知道今年的校园艺术节如何组织更好。

从设立校园艺术节以来，艺术教师团队负责选拔和排练一些节目，在六一节前进行一次演出，让全体师生观看。这样能展示出精彩的节目，但绝大多数学生只是"观众"，只是替他人喝彩。

我们管理团队确立了"让学生站在学校中央"的核心理念，在校园文化、课堂教学和课程设计上，逐渐体现了以学生为中心，让学生成为主角，成为校园的主人。

艺术教师的担心与困惑，却让我的心里突然一亮，可以转变一种思维方式，换一种展示方式，给每一个学生搭建一个展示才艺的舞台，给每一个学生提供一个出彩的机会。经过简单交流，决定把今年的艺术节展示化整为零，由学校精品展示改为班级个性展示。

学校负责体卫艺工作的李景阳主任以最短的时间，拟好了校园艺术节的新方案，由各班师生和家委会，本着让每一个学生都有展示才艺机会的原则，以班级为单位，邀请家长们参与，学生、家长和教师一起过一个特殊的艺术节。

六一节前，校园内热闹起来了，家长们抬着架子鼓、古筝等乐器来了，家长们带着气球、彩飘、拉花来了，每个教室都装扮起来了，仿佛要举行盛大的庆典一样，学生们开心地笑起来了。

我们用了一个下午的时间，举行了校园艺术节班级才艺展示暨家校联谊活动。每一间教室都成了展示的舞台，每一个学生都站到了舞台的中央；每一间教室都成了欢乐的海洋，掌声、喝彩声此起彼伏。独唱、合唱、器乐、舞蹈、朗诵、小品等形式多样，家长们忙着拍照、录视频、发微信、转朋友圈。

"你们学校这是又举行什么活动，我的微信都被你校的教师和家长们刷屏了，学生们很投入，表演得很精彩。"一位非常要好的同仁给我打来了关心的电话。

一下午的班级才艺展示，在学生们意犹未尽中结束。在校园内遇到王浩凯的妈妈，上下学时经常遇到她来接送孩子。"韩校长，这次班级艺术节对我触动很大，班内孩子们几乎都有各自的才艺特长，我的儿子虽然学习成绩比较理想，但没有特长，好在用心的赵老师给孩子们编排了一个合唱，我家浩凯也有了展示的机会，在合唱的过程中，我一直用心地观察孩子的口型，用心听他的发声，竟然发现我儿子好像还有这方面的特长，我得马上想办法培养。我以前吧，只关注孩子的学习，对这些方面忽视了，被其他孩子给落下了，我要补上这一课，转变一下理念，要让孩子全面发展才行。"意料不到的是，一场班级才艺展示，竟然让家长的理念有了一定转变，这是意外的收获。

第二天，负责艺术的干部和教师找到我，说出一个构想，"不精心排练，用最短时间，展示精品节目，所有师生共享"。教师有这样的积极性，学校当然求之不得，只有两天的时间，这时轮到我替她们捏一把汗了。

六一儿童节那天，一场以"崇圣向党·快乐成长"为主题的校园艺术节才艺展示在学校圣贤广场举办。两天的准备时间，背景幕布、音响、编排、串场等做得一丝不漏，不得不佩服我们教师团队的执行能力。

"汤皓喆、汤皓喆……"激情四射的架子鼓表演一结束，两千多人的现场，学生们齐声喊着表演者汤皓喆的名字，又一颗耀眼的校园明星诞生了，这个绿茵场上的足球小健将，用架子鼓表演又收获了众多的小粉丝。

马千惠、赵旭斌两个孩子表演的快板《报母恩》，让许多教师和学生流下了热泪。马千惠、赵旭斌的名字，也像明星一样，成了学生们的偶像。因为这次才艺展示，加上艺术教师的精心辅导，快板《报母恩》参加了全市庆七一文艺晚会，并得到与会领导、师生们的高度评价。

由曹蕊蕊同学领唱的《映山红》参加山东电视台少儿频道演出，返校后，我遇到曹蕊蕊同学，问她有什么感受，她说："当我站到山东电视台演播大厅舞台上的时候，我感到特别激动和自豪，我们用尽最大的力气展示自己。走在校园内，有越来越多的老师和同学们叫我的名字，现在我感觉特别自信……"

学生们天赋不同，才艺不同，我们做的只是给学生们搭建一个展示的舞台，学生们就把最大的精彩展示给了我们。

2019年4月，我们学校的师生参加了山东省文博会和第九届农圣文化艺术节专场展示，两个半天的时间，都是学生进行展示，虽然有的节目谈不上是精品，可学生们却尽情地展示着自己的特长。

9月2日，在开学典礼上，我们做了一个创新，升国旗、唱国歌环节后，艺术组的教师编排的《我和我的祖国》进行展示，"我和我的祖国，一刻也不能分割，无论我走到哪里，都流出一首赞歌，我歌唱每一座高山，我歌唱每一条河……"马艺倩与她们中队的少先队员动情地唱着。这个活动的微视频被推送到全国学习强国平台。

"给个舞台就精彩。"学生们需要展示，需要舞台。我们每一位教育者在自己的课堂与管理中，需要做的是引领，是搭建舞台，是帮每一个学生找到做好学生的感觉。

📖 践 谈

梦想的实现不能停留在口头上，而是要落实到行动中，落实到每一项有效活动中，才能让梦想的种子发芽、成长。学校是学生成长过程中的重要一站，这一站为学生提供怎样的教育，搭建怎样的平台，创设怎样的机会，对于学生的成长来说至关重要。教育工作者既是追梦人，更是筑梦人，我们有责任和义务，为每一个学生的梦想助力加油，让学生的梦想照进现实。

难忘的最后一课

陶行知先生说："真的教育是心心相印的活动，唯独从心里发出来的，才能打到心的深处。"要想唤醒学生的情感，教师应该首先是一个富有情感的人。教师与学生的关系应该是自然亲密的，教师与学生的言语交流应该是心灵交流的外化，教师先动情，学生才会动情。教育的过程应该是体验生命价值的活动，展现自由精神的舞台，在成长过程中学生需要人生的感悟，需要精神的自由，需要情感的呵护。

毕业是散场，是说再见，还是新的起点？毕业是结束，是离别，还是烙下成长的印记？一个孩子从迈进小学的那一天起，到六年级毕业，六年的时光，学校能给他留下什么？怎样的毕业仪式，才会让孩子终生难忘，让学校成为留下童年最美记忆的地方？

围绕六年级毕业的话题，我们管理团队和六年级的教师团队进行过多次研讨，有的教师认为"考完最后的升级考试，最好是让学生马上离校，要不学生们太难管理，会出安全问题的。"这样的担心很多班主任都有。"不用做什么毕业典礼，学生们升入中学后，小学的老师在几年内就被忘记，更何况是一次典礼，一次活动，意义不是很大。"刚开始时，许多教师担心安全、害怕麻烦、感觉效果不大。

当学校计划把毕业典礼做成离校课程时，教师又智慧众筹，把离校课程的每一个环节、每一项活动都进行精心设计，一行行热泪，一个个拥抱，一句句饱含深情的嘱托，让每一个参与离校课程的人受到触动，让"最后一课"烙在孩子们的内心深处，让"最后一课"成为在校最难忘记的一课。

2018年，在毕业典礼的现场，我送给孩子们三颗心，希望孩子们坚持做个有"心"人。一是从圣城小学出发，永葆一颗"感恩心"；二是从圣城小学出发，保持一颗"上进心"；三是从圣城小学出发，树立一颗"责任心"。

毕业典礼上教师代表的深情嘱托，孩子们的精彩展示，精彩演绎着同学缘、父母恩、师生谊、母校情，将典礼一步步推向高潮。毕业门前的师生有力击掌，孩子们眼中的泪花，教师心中的不舍，师生深情地相拥，都让我们见证了"最后一课"的魅力。

学生齐婧含在参加"最后一课"后，在自己的日记中写道：曾经还是一个流着鼻涕的孩童，如今即将成为中学生了，即将与陪伴了我六年的老师们挥手告别。我敬爱的老师们，六年的时间里，您把所有的知识倾囊相授。在您的教导下，我学会了画画，学会了习作，学会了唱歌，更学会了如何保护自己……

"亲爱的女儿，请你铭记：学会感恩将会使你一生快乐。感恩社会，给了你平安宽松的生活环境；感恩老师，她（他）们教会你受用终生的知识和人生准则！亲爱的女儿，鞠躬致谢小学师长，挥手告别童年的同学朋友。唯愿你前路快乐相随，前程似锦！"这是参与"最后一课"后，隋佳轩爸爸对女儿的真情告白。

2018年的"最后一课"筹划时间短，但收到了很好的效果。2019年的"最后一课"我们精心设计，以"毕业，不说再见"为主题，在寿光日报《六月毕业季》专栏，用专版刊发了我们毕业课程的细节，分成了给《母校的信》《老师嘱托》《家长寄语》《学生感言》四个版块。

《六年级全体学生给母校老师的一封信》看哭了很多教师。"时光荏苒，岁月如歌。转眼间，小学六年的生活即将过去。2013年我们还是那群满脸稚气、充满好奇心和求知欲的懵懂小学生，如今我们已经成为满载知识行囊踏上人生新旅程的2013届毕业生；曾经让我们感到漫长的两千多个日夜，如今只剩下了屈指可数的几天。六年来，老师您像慈母一样牵着我们的手，把我们领进知识的殿堂，用知识的乳汁辛勤地哺育我们成长，把我们从一个个不谙世事的稚童变成了一个个乖巧懂事的少年。"读着这些有些稚嫩，又有些成熟的文字，我们感慨万千。

第三篇　师生自由成长的舞台

六年级主任王晓明在《老师嘱托》中写道：有人说，小学是一本多姿多彩的书，六年的时光，两千多页就这样匆匆翻过，回首间，从低年级到高年级，那么多生动的细节，那么多精彩的片段，如此清晰地刻写在我们的记忆中。同学们，你们默默耕耘着自己的理想，用辛勤的汗水、顽强的毅力，书写着辉煌的成长史，你们的精神，已成为一道美丽的风景定格在我们圣城小学的记忆里！

"亲爱的孩子，你即将踏上新的起点，希望你承载着老师的嘱托、家长的期望，在以后的生活学习中，伴着花朵的芬芳、鸟儿的歌唱、太阳的照耀，发现着世界的美好，怀着积极的心态奔向下一个起点，勇往直前，迎风飞翔。"单迎芮爸爸写下了这样的《家长寄语》。

学生张志浩满含热泪发表感言：我亲爱的母校，亲爱的老师，谢谢您教会我的一切！知识、品德、敬爱、友情，谢谢您的付出与给予，心中的千言万语汇成一句话：谢谢您！

在毕业典礼上我送给孩子们四点希望：一是希望你们心存感恩，做一个善良的人。"登高山之巅，勿忘父母情；入成功之道，切记恩师意。"二是希望你们追逐梦想，做一个敢拼的人。"苔花如米小，也学牡丹开"，只要心中有梦想，脚下就会有力量。三是希望你们博览群书，做一个有知识的人。"腹有诗书气自华，最是书香能致远"，在喧嚣中静心读书，才能在拼搏中波澜不惊。四是希望你们诚实守信，做一个有原则的人。铭记"诚信明礼、博学笃行"的校风，让它成为你人生道路上做人做事的准则。

毕业典礼上，让所有的孩子、家长和教师感到意外的一个环节是以最庄重的方式，给每一个孩子发放精心设计、带着班主任和各学科教师签名的毕业证明。以前经常听到、看到很多学校的校长或教师给每一个孩子发放毕业证明，但没有太大的感触。今年5月份的一个周末，有幸参加了儿子在山东大学的毕业典礼，2000多名本科生和研究生，每20人一组，身着不同款式的学士或硕士、博士服，上台接受院长和教师授予毕业证书，持续了一个多小时，这样的仪式现场让我深受触动。关注每一个人，每一个人都很重要。因此我们改变了由学生代表领证的惯例，让每一个学生从教师手里领回饱含多位教师签名和祝福的毕业证明。

孩子们尽情地用最美的歌喉、用最美的舞姿、用最动人的演讲诉说着对母校的不舍，对教师的感恩，同学情、师生缘、学校谊淋漓尽致。

"毕业门"前的热泪与相拥，校门口的依依不舍。我想，假如几年后，这些孩子把六年时间所学的知识都忘记了的时候，他们应还记得这个特殊的"最后一课"。期盼这"最后一课"成为导航仪，引领孩子们走向更好的明天！

"最后一课"是对孩子们进行的最后一次，也是最好的一次教育。"最后一课"让孩子们真正体味到了母校的温暖与深情，感悟到了同学之间、师生之间、亲人之间的深情厚谊，从而将感动化作腾飞的羽翼，把离情当作前进的双桨，他们将带着母校的嘱托和祝福，走出校门，迈向新的征程。

践谈

人和人之间最重要的纽带是情感，师生亦然。评价一个教师是不是好教师，一个学校是不是一所好学校，很重要的评判标准就是学生对教师、对学校是不是有情感。通过情感的交流、沟通，能够让学生从内心深处感受到教师的关爱，感受到在学校学习生活的幸福，也能让学生内化为自觉成长的责任心，从这个意义上讲，教育中的情感力量对学生的未来有着不可估量的推动作用。

第三篇　师生自由成长的舞台

第四篇

课堂改变学校就会变

法国作家巴尔扎克曾说:"一切事物的趋于完善,都是来自适当的改革。"

课堂是教育的主战场,课堂一端连接学生,一端连接着民族的未来,教育改革只有进入到课堂的层面,才真正进入了深水区,课堂不变,学校就不会变。

学习应该成为学生自己的事情,教师应该成为学生学习激情的点燃者,课堂应该成为师生共同成长的舞台。

课堂改革如一缕春风,像一束阳光,似一泓清泉,给学校的发展带来新的生机,为学校的发展注入了强大的生命力。

从"尊德问学"到"学本课堂"

师语

　　校长既是教师中的一员，又是教师中的首席。用苏霍姆林斯基的话说，应该是"教师的教师"。也许有人会问，难道校长必须是教学水平最高的教师吗？难道校长要精通各门学科教学吗？非也。校长固然应该有先进的教育理念、精湛的教学技能，但更主要的是在宽领域发挥教育领导力。这个宽领域就是课程的领域，课程领导力是校长领导力的核心。

　　2014年是寿光世纪学校发展史上具有里程碑意义的一年。这一年，迎来了建校十周年庆典；这一年，成立了寿光世纪教育集团；这一年，接办了占地375亩的东城学校。我肩负着教育集团的重托，来到东城学校，站到了自己从教生涯的一个新起点。

　　面对处于城乡接合部的新学校，年轻缺乏经验的教师团队，综合素质差的学生群体，我们的路在何方？经过反复研讨，我们管理团队选择了"改变"。开学伊始，我在校"守家"，管理团队的核心成员张吉广、林春英、马迁萍三位主任外出"取经"。然后，我们就"关起门来自己搞课改"，所有的课堂改革技术和操作流程几乎都是我们团队自己开发出来。我们筑牢了"三为两不为"的底线，即做课堂改革是为了成长学生、为了发展教师、为了成就学校，不为个人的名、不为个人的利。一边研究，一边实践，这其中的苦与乐只有经历过的教师团队才知道。

　　课堂由"插秧式"变成了"围坐式"，学生由个人学习到小组互学，学生由被动听讲到主动展示，教师由"满堂灌输"到"精讲点拨"。一年的课堂改变，收获了意想不到的成效。在全市小学组织的各学科学生综合素养展示中，均取得优异成绩。在展示的现场，市教科研中心的杨振华主任感慨地说，"东城学校的学生们在综合素养方面大有赶超世纪本部之势"；一年内就有28个省内外的教育考察团慕名来校观摩课堂；有20多人次的教师以专家或名师身份到省内外的学校做报告或做新课堂的培训师；中国教科院田慧生院长来校观课后，高兴地称赞"在这样的课堂上，学生们学得开心，展得精彩，学生的主体地位得到充分的发挥，这样的课堂真正体现了新课改的自主合作探究学习！"

刚开始，课堂也没有命名，我们就叫"新课堂"。后来，我们团队就思考、研究如何起一个适合我们校情的名字。山东是孔孟之乡，是儒学的发源地，我们在设计学校文化时就围绕着"用中华优秀传统文化来引领师生成长"的定位，于是我们从儒学经典《中庸》中找到了"故君子尊德性而道问学，致广大而尽精微，极高明而道中庸，温故而知新，敦厚以崇礼。"这句经典。于是，就有了"尊德问学"课堂。

我们是这样来解读"尊德问学"课堂的。"尊德问学"课堂不仅尊重德性，又要讲求学问；不仅尊重教育教学的规律，又要关注到个性差异；不仅探求教育教学的道，还要讲究教育教学的术；不仅梳理好新与旧关系，还要长养人的德行，学习文化礼仪。我们又把这四个字拆分开来解读，尊即尊重人，体现的是我们课堂的价值取向——以人为本，细解为尊重教育教学规律、尊重学生个性差异、尊重文化、尊重人格；德即立德树人，体现的是我们课堂的教育本质——教书育人，细解为师德、道德、品德、明德；问即学问，体现的是我们课堂的主体能动性——真正改变了教和学的关系，细解为疑问、提问（针对学生层面），询问、追问（教师层面）；学即自主学习，体现的是我们课堂的行为动力——以学为主，细解为独立学、同质学、帮扶学、合作学。2015年1月，在潍坊市小学教育教学工作会议上，我们做了分享交流，"尊德问学"课堂慢慢成了东城学校的靓丽名片。

课堂取得初步成效，管理团队齐心协力，学校文化也进行了高端设计，自己感到工作挺舒心的，在自己内心做好了在东城学校扎根十年的打算。有些事情让人无法预料，2015年9月，在自己毫不知情的情况下，市教育局安排我到圣城小学任职，难以割舍地离开了建校刚一年的东城学校，离开了建立了深厚友情的教师团队，离开了那群课堂专注、课间活泼的学生们。

我认为要了解教情和学情，最好的方式就是走到师生中去，就是走进课堂观课。于是，来到圣城小学的前三周，所有的行政工作都拜托给了三位副校长。当时学校49个班级，我计划听49节课，不分科目，力争做到每个班级听一节课。

我一边听课，一边了解着校情、教情和学情。看到不少带窟窿的教室门，看到多个有裂缝的毛玻璃黑板，看到我上小学时也使用过的刷漆的水泥黑板，看到模糊不清的所谓"大屏幕投影"，我的心有些凉；听到教师尽力地"讲"着，听到教师敬业到"嗓音沙哑"，听到教师诉说着学生的基础差，我的心有些急；坐在学生中间，体会着孩子们上课时"身在曹营心在汉"，体会着只当观众的无趣，体会着被动接受的苦楚，我的心有些痛！

如何才能改变硬件设施，让师生有更好的教学环境；如何才能改变教师的教学理念，让教师成为引领者而不是教授者；如何才能改变学生的学习状态，让学生们快乐地主动学习。36节课，36个班级，我一直在苦苦思索着。

当我的听课记录上有了36节课的记录时，我们学校受邀到江苏昆山前景学校参加"全国不同风格不同流派课改名校研讨会"，我感觉改变的机会来了。我邀请了寿光市教科研中心的杨振华主任，与李政校长、徐翔主任、邵学刚主任一起"问道昆山"。

在昆山前景学校的全国研讨会议上，我们看到以学生为主的小组合作学习课堂，听到专家"学生主体、学情为导、教师助推"的课改理念，享受着课改名校分享喜悦的体会。我们认真观察和体会，发现昆山前景学校的课堂与东城学校的"尊德问学"课堂如出一辙，感觉还不如"尊德问学"课堂更规范、更实用。会议间隙，我们一直在规划、憧憬着学校的未来，初步确立了"圣贤教育、全息课程、学本课堂"的顶层设计。

"学本课堂"注定要成为圣城小学发展的助推器。早在2015年4月，寿光市人民政府与中国教育科学研究院签约，共建教育综合改革实验区。"学本课堂"项目确立了三所实验学校，圣城小学有幸成了小学段的实验校。

可是，到10月中旬，学本课堂项目仍然没有启动。课改是有"季节性"的，时间不等人，师生等不起。我想课改理念都是一致的，我们管理团队就决定把"尊德问学"的技术和流程先"移植"到圣城小学，试着做我们自己的"学本课堂"。

既然选择了改变，就要立即行动，先做起来再说！2015年10月24日，我们举行了"学本课堂"创建项目启动仪式暨第一次培训,邀请东城学校的林春英主任带领团队全程传授"尊德问学"课堂技术和操作流程。

12月5日,我带领15位骨干教师到北京师范大学,参加韩立福博士的全国"学本课堂"理论与实践研究成果专场展示活动。那时,我们的"学本课堂"已基本成型。12月11日,寿光市教科研中心来校进行一年一度的教学视导,冯树学主任评价说"学生围起来了,小组建立好了,教师将学本课堂真正实施起来了,是真实的,可行的,有效的。真实是因为我们的课堂在扎实做,可行是因为我们做的符合规律,有效是因为我们在现场看到了成效!"

从"尊德问学"到"学本课堂",我们应感恩的人很多,感恩韩立福博士"学本教育"理念的引领,感恩林春英主任的无私传授"课堂技术",感恩课改专家刘爱军主任搭建的"教师展示"平台,感恩学本课堂指导小组"一站到底"的坚守,感恩每一位教师的全身心参与,感恩每一个学生的自主合作学习,感恩每一位家长朋友的热心支持。

践谈

为了成长学生、发展教师、成就学校的课堂教学改革是有生命力的,课改需要依据校情,需要转变教师的理念,需要教师团队齐心协力。自主、合作、探究是新课改的理念,课堂教学体现学生的主体地位,充分调动学生的学习主动性,就一定能做出特色的课堂教学。

第四篇 课堂改变学校就会变

"定针拔河"赢得满堂彩

　　苏霍姆林斯基曾说："对人的热情，对人的信任，形象点说，是爱抚、温存的翅膀赖以飞翔的空气。"教育是双向的，学校的意志和家长的意志有时候会出现矛盾，如何能让两者心往一处想？关键是信任，特别是学校教育，一定要用看得见、摸得着、感得到的教育实惠，赢得家长的信任，只有这样，学校、教师才有热情和智慧，也才能把爱倾注在教育事业中！

　　有人曾说过一个段子：世间有两件事最难做，一件是把金钱从别人的兜里放到自己的兜里，一件是把思想从自己的脑袋里放到别人的脑袋里。

　　我们经常把"转变理念"挂在嘴边，好像理念的转变是一句话的事，实则不然。改变一个人的做事方式很难，改变一个人的理念更难。

　　学本课堂推进伊始，我们就遇到了难题。"习惯了备好课就讲给学生听，突然改为让学生自己学，让学生讲给学生听，我们老师讲得很少，真的有些适应不了，一下子怎么样也改不过来。"这是一位教师真实的心声。课堂的改变，貌似改变学生的行为，实则是改变教师的思维。学本课堂的实施，正是对教师思维的一种历练，让教师从"学生具备各种能力配合我教学"的思维转变到"我的教学要用各种方式培养学生具备多种能力"的思维。

　　圣城小学是寿光市教育局指定的学本课堂实验学校，寿光市教育局领导非常关心、支持学校进行课堂教学改革，李玉明局长多次在会议上表扬学校的典型做法和创新精神。

我们进行学本课堂教学改革的出发点是"三为两不为"，即为了成长学生、为了发展教师、为了成就学校，绝对不为个人的名、不为个人的利。学本课堂能充分调动学生学习的主动性，能让学生慢慢学会学习，能培养学生的综合素养；学本课堂能帮助教师从"教材搬运工"变为"学习设计者"，从"监工"变为"导师"，从"教书匠"变为"教育者"，找到教师专业发展的路径，获得更多的职业幸福感；学本课堂能成就学校的发展，能引领学校回归教育的本质，真正做有益于师生成长的事情。

"课改需要勇气和胆识""把好的事情做好也是很不容易的事情"。我们管理团队有着深切的体会。按理讲，学本课堂改革，这样的益于师生成长、益于学校发展的好事，理应得到所有教师、学生和家长的支持。

"理想很丰满，现实很骨感，现状很尴尬"。在学本课堂推进过程中，寿光民声网上有了一个投诉帖子：我能说圣城小学的学本课堂是误人子弟吗？以前检查孩子的学习，孩子学得挺好的，自从贵校搞什么改革，孩子在学校里学的知识基本上不会，每天晚上都得家长重新教，这么小的孩子怎么会自己学习？作为家长焦虑万分，请别耽误我们这一茬孩子。新来的校长，若真为了名利政绩，不惜牺牲这几千学生的未来，你对得起自己的良心吗？

我们还收到一个市长热线的回复："我是圣城小学一位学生的家长，现在学校实行独学、对学、群学的课堂模式，把课堂留给学生。我认为小学是打基础、培养孩子学习兴趣的时候，此模式并不适合对学生的教育，请教育局制止学校的这种行为。"

我们一心为学生成长着想，全心为教师发展着想，却遭到教师或家长的公开"叫板"，说心里话，我们管理团队都很"叫屈"。

那怎么办呢？是知难而退还是迎难而上？是把这些当成前进路上的"绊脚石"还是当成推进课堂的"有利资源"？

"开弓就没有回头箭"，我们学本课堂指导团队选择了后者。我们确定了一个"定针拔河"的策略，在我们心里牢牢树起课改这根"定海神针"，任凭风吹雨打，我自岿然不动。

我们先从改变每一位教师的教育理念入手，因为后来证实投诉帖子和热线电话，是一时接受不了课改理念的教师冒充"学生家长"做的。我们加大了行政推动的力度，力争让每一位教师在最短的时间内掌握好课堂技术和操作流程，让每一位教师在最短的时间渡过"痛苦期"，改变教与学的方式，

133

改变教师的思维方式确实是挺难的事情，我们也从来没有抱怨个别教师，因为只是认识的不同，学校的教师团队还是很好的。

学本课堂指导小组在刚开始的两个月内，几乎每天都"泡"在课堂里，让教师看到了我们管理团队课改的决心，让教师有了技术的支持和精神的依靠。"看来，是非改不可了，我们就试着做吧！"慢慢地，绝大多数教师都跟了上来。学本课堂在学校扎扎实实地做起来了。

为了让家长们了解学本课堂的效果，赢得家长的关心与支持。2016年3月23—24日，我们全面开放课堂，诚邀家长进教室观课，看孩子们的表现。两天时间，有1908位家长来校观课，从现场书面问卷反馈的情况看，家长们的满意率达到98.4%，赢得了家长朋友们的"满堂彩"。从那次家长开放日后，我们没有再听到教师或家长质疑的声音。

五年级七班宋子涵的家长在班级微信中写道："学校的学本课堂，效果超赞！孩子们不但个人努力学习，还增强了团队协作，互相帮助、互相激励。现在的孩子们太幸福了！发明这个教学方法的是天才，圣城小学的学生们是人才，加油！""感谢学校使用了学本课堂，老师给学生们时间和权利，让他们充分思考、表达自己思维的机会，现在我的孩子每天都有变化，我感到很欣慰。"面对记者的采访，四年级九班宋嘉俊的妈妈张凤艳女士由衷地说着。

学生王靖涵在日记中写道：在以前，同学们畏惧课堂，害怕老师，上课不敢举手发言。而现在同学们不再害怕课堂，变得积极起来，甚至有些同学和老师成了朋友，现在的课堂给同学们带来了意想不到的变化，同学们也都爱上了课堂。这是我们自己的课堂，在这里我们享受着学习的快乐，爸爸妈妈也说我变得更自信，更大方了。

2016年4月14日，中国教科院韩立福博士第三次来校指导时，评价说："圣城小学的'学本课堂'创建工作取得了阶段性显著成效，课堂由'教本课堂'向'学本课堂'转型，学生灿烂了，教师解放了。同时，全体干部教师积极思考，大胆尝试，在'学本课堂'创建上，迈出了成功的一步，深度体现了素质教育思想、新课程理念和'学本课堂'特征。"

学本课堂的创建与实施，实则是一场教师的行动学习，以教师行为的转变带动观念转变，在这场学习中，师生皆为受益者。

"定针拔河"印证着我们管理团队课改的决心，因为我们深信不疑，因为我们咬定不放，因为我们坚守坚韧；"定针拔河"让教师团队吃下定心丸、不去左右摇摆，让教师团队用心去思考研究，让教师团队静心去课堂实践；"定针拔河"让家长朋友看到学生们的精彩展示，看到学生们自主合作学习的状态，看到学校教师的无私付出；"定针拔河"赢得了学生、家长和教师的满堂彩，赢得了每一个来校观摩考察团专家和教师的满堂彩！

践 谈

当今的课堂教学与传统相比，改变了教师的"满堂灌"，学生不再是盛知识的容器，而是学习的主动参与者。正如古希腊学者普罗塔戈说："头脑不是一个要被填满的容器，而是一束需要被点燃的火把。"学生的学习方式在悄然发生着改变，自主、合作、探究的学习氛围初步形成，课改已成为新常态。课改没有终点站，在这条道路上，我们要以课改为己任，坚定信心，践行新理念，实践新方法，让学生享受更适合他们的教育。

党支部建到课堂里

师语

　　风成于上，俗形于下。《中国共产党章程》中明确规定党员要在生产、工作、学习和社会生活中起先锋模范作用。党员教师要以身作则，认真领会党的教育方针，带头更新教育观念，发挥党员教师在教学、科研等工作中的"骨干"作用。同时，要掌握所教学科基本理论，了解学科的历史、现状、发展趋势和社会作用，激发学生的学习兴趣。

　　2017年3月，我有幸参加了在复旦大学举办的党务干部培训班，培训中既有高端创新的专家报告，又有体验深刻的现场教学，让我享受了一次党建工作的精神大餐，接受了一场爱党爱国思想的洗礼。在培训中我理解和体会了"大党建思维""大党建视界"。上海久隆模范学校吴玮书记的报告，讲到党群之间要"氛围浓浓的、关系融融的、干劲足足的"，实际上就是将学校党建与学校中心工作相融合。

　　在中共一大会址，我们面对党旗进行了庄严宣誓，全方位了解中国共产党的发展史，现场用心"聆听"了一次终生难忘的党课。对我触动最大的是党的思想工作，特别是把"支部建在连上"的创举。

　　"支部建在连上"是中国共产党人建党、建军的一项基本原则和制度。1927年9月，毛泽东同志率秋收起义余部挺进井冈山途中，有感于南昌、秋收起义相继失败，"这是缺乏革命中心力量招致革命失败的血的教训"。遂确定在江西永新三湾村改编部队，实行"支部建在连上"。在连队上设党支部，在优秀士兵中发展党员，在班排设立党小组，在连以上设党代表并担任党组织书记。这就在部队中建起严整的党组织体系，为党全面建设和掌握部队提供了可靠的组织保证。

后来，毛主席在领导"工农武装割据"斗争中，深切体会到"红军所以艰难奋战而不溃散，'支部建在连上'是一个重要原因"。经过实践总结，"支部建在连上"逐渐完善，遂纳入1929年底古田会议通过的决议案并形成定制，成为建党建军的基本原则和制度延续至今。

学习归来后，我与学校管理团队分享学习心得，重点分享"大党建思维"和"支部建在连上"的所思所悟。大家各抒己见、互相交流、相互碰撞。

"用大党建思维来统领学校发展，将党建工作与教育教学中心工作融合"；将"党支部建在学本课堂里，将党小组建到学科研究团队上"成了我们管理团队的共识。

学校党支部把工作重心放到了学本课堂的研究与实施上。所有支委会成员坚持每天深入课堂，与教师一起研究。教室内、办公室里、走廊上，随处可见支委会成员与教师交流的身影。我们真正做到了"用身影指挥而不是用声音指挥"。

"为了课堂改革，我们的校长们几乎每天都泡在课堂上，校长们都这么拼，我们没有理由不去努力研究和实践。"安徽省天长市一个教育考察团来访时，我们的一位教研组长跟他们分享交流时说。"有时候，我心里感觉很矛盾。一方面怕学本课堂指导小组的校长们来班里观课，因为我的课堂还不完美，还有很多的问题和困惑；另一方面我又盼望着校长们能进课堂长时间观课，因为他们能给我提供技术支持，能帮助我答疑解惑！"一位青年教师在谈成长体会时由衷地说。

按照党支部"四制工作法"的要求，每一名党员认真落实"目标责任制"，开展了"亮身份、定目标、明职责、践承诺"系列活动，分管教学的张海艳校长明确自己的工作职责"带头研究学本课堂的操作技术，带头实践学本课堂，带领各学科教研组长共同推进课堂教学改革"。她带领全校的英语教师团队，经常利用放学后的时间，就学本课堂推进过程中的导学案设计、学生如何更好地自学、如何更有效地展示进行讨论研究，使得英语教研团队始终走在学本课堂研究的最前列。

一名党员就是一面旗帜，我们创新性实施了"党员导师制"和"党群联动制"，党员们不仅自己带头研究、积极实践，还带动本学科的教师一起研究，极大地鼓舞了全体教师课改的积极性。学年结束，我们利用全体党员大会，党支部对学本课堂的推进情况进行"点评问效"，取得了很好的效果。

"党支部建到课堂里"，我们有了意想不到的收获。2017年7月，"创建学本课堂，提升学生自主合作探究能力"在潍坊市教育教学重大问题行动研究项目评选中获一等奖，获得潍坊市教学成果二等奖；8月，受中国教科院学本课堂项目组的邀请，宋瑜和潘秀美两位主任带学生们到北京参加了第三届全国教学改革创新博览会，在学本课堂专场进行展示活动；9月，在寿光市"特色学校"评选中获小学组第一名，获市企业联盟基金团队奖；11月，师生团再次受邀到中国教科院学术报告厅进行展示活动；12月，在潍坊市小学教学工作会议上，我代表团队做了题为"学本课堂让学生站在课堂中央"的典型发言，对学校课改的创新做法进行了推介。

为了充分发挥每个党小组和党员导师的积极性，我们把"党小组建到了学科研究团队上"。每个党小组领衔研究项目，采取了"学本课堂+"的方式，党小组和党员导师分别领衔了学本课堂+圣贤教育、学本课堂+家校共育、学本课堂+大语文课程、学本课堂+大数学课程、学本课堂+大英语课程、学本课堂+大综合课程等项目。

每个党小组和党员导师充分发挥党群联动的作用，一起进行项目研究，助推了教师团队的共同成长，各个党小组领衔的研究项目也结出了累累硕果。圣贤教育成了学校的一张名片，分管德育工作的李政校长先后在北京、福建、青岛等全国性会议上分享学校立德树人的典型做法。家校共育初见成效，学校建好了三级家委会，家委会组织参与校服招标、餐厅监督，发展有特长的家长参与课程改革，常年开展"家长志愿者护学岗"活动，2017年11月学校获得山东省家庭教育示范基地学校的荣誉称号。

📖 践谈

回首来路，才知道走出了多远；亲历奋斗，才明白付出的意义。"党支部建在学本课堂里"，统一的是思想，统一的是理念，统一的是行动，形成的是凝心聚力，形成的是满满正能量，形成的是强大执行力。

组团同行取"真经"

师语

"能用众力，则无敌于天下矣；能用众智，则无畏于圣人矣。"我国春秋时期著名的军事家、政治家，被后世尊称"兵圣"的孙武，给后世人留下这样的经典名句。这是我查找到的较早关于团队合作的经典，我的理解是团队合作需集思广益、凝心聚力；团队合作需合理分工、科学规划；团队合作需相互配合、相互激励。我们现代人都知道团队的作用？在工作中都希望能组建一个强有力的团队。那么，什么样的团队才是最完美的团队呢？

曾看过一档《天马行空、巅峰对话》电视节目，周星驰问马云喜欢什么样的团队，马云的回答是中国有两个最成功的团队，一个是《三国演义》中的"桃园三结义团队"，一个《西游记》中"西天取经团队"。

在对话中，马云谈到，"桃园三结义团队"是可遇而不可求的团队，因为每个人能力都很强，这样完美的一群人组合在一起的团队，在现实社会中不太可能出现。他认为比较现实和靠谱的是"西天取经团队"。"唐僧这样的领导，对自己的目标非常执着；孙悟空虽然很自以为是，但是很勤奋，能力很强；猪八戒虽然懒一点，但是却拥有积极乐观的态度；沙僧，从来都不谈理想，脚踏实地的上班。因此，这四个人合在一起形成了中国最完美的团队。"

一个人可能走得很快，一个团队才会走得更远。1994年，斯蒂芬·罗宾斯首次提出了"团队"的概念，即为了实现某一目标而由相互协作的个体所组成的正式群体。现在关于"团队合作"的理念已风靡全球，当团队合作是出于自觉和自愿时，它必将会产生一股强大而且持久的力量。

第四篇　课堂改变学校就会变

在寿光世纪教育集团东城学校，面对新的学校、新的教师、新的学生，我们选择了走课改之路，我们选择了组团同行，组建了四人的课改"取经团队"，历经学习、研究、实践的重重"磨难"，一年的课改取得了丰硕的成果。

来到寿光市圣城小学以后，我与管理团队一起明确提出了"没有完美的个人，却有完美的团队"的理念，并在推进学本课堂教学改革的过程中，也选择了组团同行，组建了五人的课改"取经团队"。

我们"组团取经"，就是组建目标一致，有向心力的课改指导团队，取经就是取"课改"的"真经"，在"取经"路上历尽"千难万险"也绝不放弃，直至课改成功。

一、"取经团队"有着坚定的课改信念

我们的信念是"有侮不答、闻谤不辩"。我们选择改变课堂的初衷是为了成长学生，改变原来教与学的关系，改变教师与学生的角色，真正让学生成为学习的主体，让教师真正成为学生学习的引领者、帮助者，而不仅仅是知识的搬运工。在改变的过程中，可能会受到来自同行、教师、家长的质疑或不屑，甚至是诋毁、诽谤，我们要做的就是"有侮不答、闻谤不辩"，一心只为学生。

二、"取经团队"有着执着的学习热情

我们始终做课堂改革的先行者和引领者。我们通过向专家学习、向经典学习、向课改名校学习，让自己始终做"第一明白人"。学本课堂是重建"以人为本"学生观、教学观和教育观的课堂行为，是重构新型师生关系的课堂，是学生为主体的课堂，是培养学生自主、合作、探究等综合能力和素养的课堂。我们研究与实践的课堂流程，保证学生的学习通过"讲给别人听"来实现，与学习金字塔理论高度一致，即最好的学习方式是讲给别人听。学本课堂的设计，要求教师和学生不能越俎代庖。因为教师一味"讲"的课堂，无法实现教师的专业成长；学生一味"听"的课堂，不可能实现学生的成长。只有明确教师角色和学生角色以及各自成长路径的课堂活动，才能实现真正意义上的"教学相长"。我们不停地学习着、研究着、实践着。

三、"取经团队"有着较真的研究精神

我们团队反复研究、实践学习小组建设的原则、方法，达到了较真的程度。学习小组建设是学本课堂的两大支柱之一。学习小组是以班内异质分组为基本形式的学习共同体，是旨在促进不同程度的学生在小组内自主、合作、探究学习，共同实现学习目标，并以小组的整体成绩为评价和激励依据，全面促进学生知识、能力、情感、态度、个性和谐发展的创新性学习组织。

在专家的指导下，我们采取了组间同质、组内异质、双数化、流动编号、座位互利等分组原则。组间同质，即让各个小组做到"势均力敌"，便于建立竞争机制；组内异质，即组内既要有优等生，也要有中等生，更要有"潜能生"，组内异质，才能建立起帮扶和合作机制；双数化，即坚持双数分组，便于学生结成同质学习对子和异质帮扶对子；流动编号，即不设小组长，防止出现"领导"或"霸权"，小组内组员的编号是流动的；座位互利，即不论是AA对子，还是AB对子，尽量做到座位互利。

我们除了研究学习小组的原则与方法，还把4人组、8人组分组的示意图进行直观化。针对每个班的人数不同，可能会出现的末尾数为1人、2人、3人等情况，我们"取经团队"都一一进行了较真地研究，给教师破解了一个个难题。

我们"取经团队"不仅有着坚定的课改信念、执着的学习热情、较真的研究精神，而且把这些信念和精神，传递给全体教师团队。我们引领教师进行学科团队大教研，每周每个学科有两节连排的时间用于团队大教研，教师再无调课或其他任务的干扰，给教师提供了充足的教研时间。研课标、研教材、研学情、听评课成了每次教研的内容，提前规划，统筹安排，让每一次的团队大教研充满实效，教师研讨得不亦乐乎。

我们还进行团队评价和团队表彰。把所有的教师都纳入团队中，增强了每一位教师的集体荣辱感，为集体的荣誉而努力工作，也让每一位教师有了价值感。每年的教师节，我们都进行团队表彰，把少数优秀教师的教师节过成了每一位教师的教师节，每一位教师都有机会以团队的方式上台领奖，接受别人的鲜花和掌声。"我们不在乎奖金的多少，主要是喜欢这种方式，我们每一个人得到尊重，我们每一个人都感到自己有价值，感觉我们团队中

的每一个人都很优秀。"许多教师这样交流着。

六年级学生刘婉晴在毕业感言中写道：六年的小学生活让我收获了知识，懂得了道理，锻炼了能力，其中让我收获最多的就是学本课堂了。学本课堂就像拥有魔法一样，让我们枯燥乏味的课堂变得多姿多彩、妙趣横生。学本课堂让我学到了知识，懂得了团结，也让我由羞涩变得自信，由懦弱变得勇敢……

著名的教育家于漪老师说："教师生涯中最大的事，就是一个心眼为学生。"我们组团取"真经"，就是一个心眼为学生，课堂的改变换来了师生的成长，再苦再累也是值得的。

践谈

团结出力量，团结出成绩。干任何事情都不能单打独斗，都需要团队支撑。课改也是如此，每个人在课改中都有自己的作用，自己的价值。关键的是能让所有人都有共同的价值追求、目标方向，因为方向比速度更重要，只要坚定了"一切为了学生"的理念，课改路上，无论遇到什么困难，团队都能齐心协力地度过，也才能坚持不懈地走下去。

粘胶学习带来的

师语

　　陶行知先生指出："惟其学而不厌，才能诲人不倦。所以我们做教师的人，必须天天学习，天天进行再教育，才能有教学之乐而无教学之苦。"要想学生学好，必须教师先学好。教师要树立终身学习的信念，不断地学习，使自己有更先进的教育理念、更好的师德、更高的人文素养、更强的专业能力，并将这一切化为情感，化为品格，去感召人、塑造人，做到"学而不厌，诲人不倦。"

　　2015年10月24日，是星期六，这天注定要载入圣城小学的史册。这天，学校举行了"学本课堂"创建项目启动仪式暨第一次全员培训；这天，学校拉开了"学本课堂"教学改革的帷幕；这天，成为学校特色建设的新起点。

　　为了让所有教师参与"学本课堂"理念和相关课堂流程的培训，负责培训的教师发展中心出了"硬招"：无特殊情况，周六的培训一律不得请假，有特殊情况必须找校长请假！

　　那天，有九位教师家中确有特殊情况。"我家老人生病住院，周末需要我陪床。""正赶上老人的七十大寿，兄弟姐妹们都来，我需要在家招待。""小孩儿身体不舒服，想去医院检查一下。"只要是家中老人和孩子需要的，我全部准了假。可是，如果第一次培训，这九位教师落下的话，就会影响到我们团队课堂教学改革的整体推进。

　　怎么办呢？我突然想到了一个办法，马上通知电教中心的李兴春主任，让他联系专业录像人员，把培训的过程全程录像。

第四篇　课堂改变学校就会变

143

　　周一上班前，学校办公室通知没有参加培训的九位教师，把一天的课全部调好，到会议室开会。我陪着教师们，把周六一天培训的录像从头到尾看了一遍，教师有问题或困惑，我们现场进行了交流研讨。

　　"校长陪着补课"在全体教师中不胫而走。"校长像粘胶一样，陪着我们看了一天录像，陪着我们学习了一天。""粘胶"这个词我喜欢，于是在我的字典里就有了"粘胶学习"。

　　"粘胶学习"带来的最佳结果，就是在以后很长一段时间内，我们在周末组织培训或活动时，教师几乎没有请假的，因为教师知道，请假后校长会陪着补课，会粘着学习。

　　我们不仅粘着教师学习，还粘着专家学习。有一次，潍坊市教育局请了几位外地课改专家做报告，我得知消息较晚，自己驾车带着团队中几个骨干教师着急前往。我们坐在会场的最后一排，却成了那次会议听讲最认真的团队。结束后，我们还粘着专家不停地问着、学着。因为没有交会务费，我们自嘲着"偷学却态度认真，蹭培却热情极高"。2015年12月5日，我与学校15位骨干教师到北京师范大学，参加韩立福博士的全国"学本课堂"理论与实践研究成果专场展示活动。酒店的大堂内、往返的路上、酒店的房间内都成为交流碰撞的场所。回校后，我们举行了学习心得分享交流会，大家粘胶学习的精神感染着每一位教师。

　　为了课堂的推进，我还粘着书本学习。多少个清晨，多少个深夜，在读书学习中度过，慢慢在"生物钟"的调节下，养成了深夜和清晨静心读书和写作的习惯。日本佐藤学教授的《静悄悄的革命》让我一遍一遍地细读，"学校应成为学习共同体，在教室中要实现活动的、合作的、探究的学习。""要创造以学为中心的教学，既不要追求自学自习，也不要让教室解体为零零散散的个体。""让教室里的学习成为每个学生都能得到尊重，每个学生都能放心地打开自己的心扉，每个学生的差异都得到关注的学习。"这些都成为我们课堂改变的理念支撑。

　　中国教师报褚清源主任等编著的《高效课堂技术解码》，陈立老师的《重构高效课堂》，引发了我很多的共鸣。"高效学习是在对话、互动交流、思维碰撞中进行的，目的是改变学生思维，达成思维成果。思维课堂中的展示、追问、补充、点拨等构成了核心链条。""调整后的五步三查课堂流程，以学生主体、学情主导、教师助推为设计思路，将流程予以简化，给学生更大的空间，让教师易于操作，迅速找到与学生的对接点，尽快从传统的教书匠转变为学生学习的助推者和设计者。"这些理念与技术在推动着我们课堂的前行。

理论学习对学校教师团队来说，是一块"硬伤"，由于缺乏教育教学理论的深入学习和清晰把握，导致对于教学改进行动知其然，不知其所以然；对于教学改革寻找不到明确的理论支撑；对于项目研究的科学性没有理论的保障。张海艳副校长抱着"啃读"的态度，带领核心研究团队认真阅读、学习了《教了不等于学会了》《追求理解的教学设计》《差异化教学》等理论书籍，通过开展人人发言的读书沙龙、团队展演等活动，为课堂的深度研究和教学设计的改进以及校本项目的研究奠定了扎实的理论基础。

为了让课堂走向深度学习，我们更粘着名校学习。我们的课堂指导小组团队"问道上海"，到上海市金苹果学校和上海市建平学校远翔校区学习，学习课堂改革的先进经验和典型做法；组织教师团队到昌乐县北大公学双语学校学习基于课程标准的"教学评一致性"改革；各学科骨干教师到淄博市临淄区晏婴小学参加全省"小学国家课程标准校本化解析"专题研讨会；到威海参加区域内推进"教学评一致性"改革全省的专题研讨会；学科骨干教师和青年教师积极参加潍坊市教科院和寿光市教科研中心的专题学科教研。学习借鉴、反思提升、做好二次培训、融合运用并指导教学，将先进的教研成果与教育教学相融合，真正起到促进提升的作用。

我们管理团队不仅做到了像"粘胶"一样粘着教师学习，粘着专家学习、粘着书本学习、粘着名校学习，我们还充当起了"双面胶"的角色，一面粘着专家团队，一面粘着教师团队。粘着专家团队是为了让专家团队把我们的教师带到全国的平台上，以名师或专家的身份外出展示课堂或做报告，以此来提升教师团队的专业素养。粘着教师团队是为了让更多的教师跟上课堂推进的步伐，把专家的理念和技术尽快地落实到我们的课堂上，让所有的学生们受益。

在《聚焦师生成长的课堂》一书中，李云銮老师写道：俗话说"授人以鱼，不如授人以渔"，在世界各国统计的每年人均阅读量中，中国是最少的。我们习惯了教师的"满堂灌""满堂问""磨时间"等一些旧的教学观念，离开了学校，我们不会自己学习，不会主动读书。作为新时期的我要转变观念，让学生从消极等待、被逼无奈学习转向积极主动、乐观勤奋地学习，在"学本课堂"的指引下逐步学会自主、合作、探究学习。

王金英老师写道：通过小组合作学习，学生转变角色，真正找到做主人的感觉，每位学生融入有共同愿景的团队中，在同一愿景，同一目标的统领下，学生们"心往一处想，劲往一处使"，做到人人参与学习，人人投入学习，互相制约，不学都不行。每位学生都能学会自主学习，合作学习，形成相互帮助，相互督促的学习氛围，形成一个奋发向上、勇往直前的团队。教师在学生的学习能力提升以后，也慢慢地在课堂中渐渐隐退，不断地开发新的课程，为学生尽可能多地提供课程资源，帮助学生健康、和谐发展。

"粘胶学习"是一种态度，是一种精神，更是一种品质。"粘胶学习"能引领全体教师去学习、去研究、去实践。从2017年始，我们学校教师们对课题的申报与研究的积极性让我感到兴奋，仿佛看到我们的教师和孩子们拔节孕穗般地成长！这才是一名基层教育管理者的幸福享受！

践 谈

在日新月异、瞬息万变的当今社会，学生的认知水平也随着时代的发展而具有了更高的起点。在这种新的形势下，教师只有连贯的、持续的学习来提高自己的专业知识和教学方法，对自己所教的学科有足够的把握，才能提高课堂教学的效率。俗话说，给学生一滴水，教师要有一桶水，而现在是教师要有源源不断的自来水。这些自来水从哪里来呢？简而言之，这就要求教师要活到老学到老，也就是所谓的终身学习。

滚动推进与定位规范

    "课堂是教学改革的支点，更是教学改革的原点，'以学为本'的课改理念需要落实到课堂的每一个行为中，要真正落实到位，必须靠学校的'行政推动'，在起始阶段仅靠师生们的自觉是行不通的。"一位课改专家在报告中谈到这样的观点。

    "学本课堂"创建与实施的四年里，我们充分印证了这位课改专家的观点。以人为本、因材施教、注重差异、学会放手、培养能力等这些理念，几乎所有的教育者都认可，可是要在课堂中去落地，还真需要学校的行政推动。

    在课堂推进的过程中，我们管理团队摸索、总结了一些行政推动的策略，如"定针拔河""滚动推进""一站到底"等。所谓"滚动推进"是指把所有教师按年级分成六个执行团队、按学科教研组分成若干个研究与实践团队，学校定期对这些团队的课改研究和推进情况进行考核评比、成绩排名，在评价中一定要让这些团队成绩有上有下。我们尽量做到不让任何一个团队始终领先，因为始终领先就会产生骄傲自满；我们也尽量做到不让任何一个团队始终落后，因为始终落后就会失去拼搏的斗志；我们会从技术和精神上去帮扶那些临时处于弱势的团队。这样就会出现每一次评价中，各个团队都有上有下，这样就会产生"滚动"，随之就会出现竞争，竞争激发团队潜能，促进团队合作。竞争出现，竞争力相当，那么推进就有了速度。

在滚动推进的过程中也就有了故事。在一次针对学生课堂展示的评价中，三年级成绩最差，三年级的教师团队上进心强，就一致"逼迫"级部主任去请课堂指导小组来现场指导。级部主任硬着头皮，来到集体研究室，看到指导小组正在与一年级团队的骨干教师研讨。她就站在门口，也不知是心里着急还是感到无助，眼泪就悄悄地流下来了。我们一抬头，看到她站在门口流泪，就立即停止了交流，马上到三年级办公室答疑解惑，我们的团队带头人就是这样的可爱。

有一次，针对课堂的实效性，我们从每个年级抽了两个班，用这两个班级的成绩，计入级部团队的成绩。当转到四年级五班时，这个班正在上音乐课，音乐教师由一个专门的部室来管理，这位音乐教师没有按照"学本课堂"的流程来实施教学。四年级的检查成绩就低了一些。成绩公示后，四年级的级部主任很委屈地来跟我说明情况，我表扬了他几句"你来说明情况，说明你和你的团队很在乎这些评价结果，证明了你们团队很向上，正能量足，若是不来说明情况恰恰是我们担心的。"他很高兴地接受了评价的结果，回到级部更好地引导教师团队一起去研究、去实践，课堂推进的速度更快了。

"没有完美的个人，却有完美的团队。""滚动推进"让团队之间产生竞争，也让团队内部凝聚了正能量，团队有了统一的目标，有了向上的力量，有了争一流的精神。当一个个小团队发展成长了，整个学校的教师大团队就会发展成长。

我们团队不仅研究、运用了一些行政推动的策略，而且注重研究让课堂技术落地的策略，如切块落实、切片教研、可视化、定点规范等策略。

所谓定点规范，就是我们把课堂中教师的行为和学生的行为，分解为若干精准、可操作、可评价的"点"，把这些"点"精准规范落实到位，保证课堂的高效运行。

课堂规范是课堂技术落实的必要手段，对一项课堂技术来说，笼统的要求是没有多大作用的，必须把相关的标准转化为一个个确切明晰的"规定动作"。学生在处理学习单时，我们给出了一些规范，如遇到自己"深知"

的题目，就用黑色的笔，按照学科步骤，写在指定的位置；遇到自己"拿不准"的题目，就用铅笔，这样便于在小组内学习时进行修改；遇到自己"不会"的题目，就用红笔标注。再如在异质帮扶时，必须是一站一坐，优等生站，潜能生坐，用潜能生的课本或学习单，优等生用手指着，潜能生拿笔，随时在课本或学习单上记录、改正。规范必须到"点"上，这些"点"就是"规定性动作"。

课堂展示是课堂的重要环节，也是学生喜欢的环节，几乎每一个学生都喜欢展示自己的学习成果，每一个学生都喜欢"显摆"一下。课堂展示带动了学生的自主学习和小组合作学习。为了保证课堂展示的高效，我们对课堂展示也做了若干规范的"点"，力争精准到每一个字。例如我们的课堂口令，一个"聚焦"就能完成所有师生的目光、行为、动作的集中；课堂展示时的"下面由我们小组进行展示；我们小组展示完毕，请提问或补充；我提问；我补充；我点评"等，把展示过程中的用语精准到了每一个字，我们的要求是课堂不要废话，也不要废字。正是因为课堂展示精准到了这些"点"上，才保证了学生课堂展示的效率。

我们团队对课堂的观察与评价，也进行了定点规范。课堂观察与评价，我们从学生行为和教师行为两个维度来观察，对学生行为设定了七个观察点，分别是学生的自主学、学生借助学习单主动学习、学生参与小组内的合作学习、学生展示出独特的观点、学生提出有价值的问题、学生有独立思维、补充有意义的内容。对教师行为设定了四个观察点，分别是教师的学情调查、教师的课堂组织、教师的精讲点拨、教师对学生学习单的精准编制。

不论是课堂上师生行为的"点"上规范，还是课堂观察与评价的"点"上规范，都让教师团队意识到课堂要有效直至高效，不能笼统的要求，必须做到定点规范。

"你们学校的课堂非常规范，课堂上教师的精讲点拨，学生的课堂展示，都规范到了点上，我感到非常精准，这样的课堂肯定是高效的，回校后我们也加强定点规范，让我们的课堂更高效，让我们师生的综合素质也得到提升。"河南省郸城县北城区实验小学的周娟校长，带领骨干团队来校观摩后感慨地说着。她力说力行，说到做到，带领团队积极研究小组合作学习，在郸城县树起了一面课改的旗帜，连续几年被评为河南省民办教育优质特色学校。

📖 **践 谈**

　　在教育教学和学校管理中，需要一些策略或办法，有针对性地精准施策，并持之以恒地落实，就可能收到好的效果。无论是调动团队积极性的"滚动推进"策略，还是让课堂技术有效实施的"定点规范"策略，都需要团队的智慧和团队的执行。"千里之行，始于足下"，通往成功最快的捷径，就是脚踏实地。

小学校承办大活动

师语

　　有这样一句话："高原上的一株小草，也要比平原上的一棵参天大树高。"这句话说明了所处平台的重要性，平台越高端，格局越大，境界越高，成就也越突出。学校是师生成长的天地，学校的重要职责就是为师生成长创设更高的平台和路径，提高境界，拓宽眼界，实现更高质量的人生。

　　2016年11月14—16日，中国教科院主办的全国"学本课堂"创建研讨会暨寿光实验区成果展示会在寿光市成功举办，这是近几年来，在寿光市举办的课堂教学方面规格、档次最高的一次研讨交流活动。中国教科院田慧生院长、山东省教育厅张志勇副厅长、潍坊市教育局徐友礼局长、寿光市赵绪春市长等领导参加了开幕式，并对"学本课堂"的创建与实施给予了高度评价。在开幕式的致辞中，田慧生院长讲道："学本课堂的创建与实施适应了深度课改的需要，其核心贡献在于真正解放学生，让学生的学习主体地位在课堂中真正落了地、扎了根，让学生的自主学习、自主成长、自主发展有了现实土壤和广阔空间。一定意义上讲，学本课堂的探索代表了新时期课堂教学改革的方向，对于深化课程教学改革、创新人才培养模式具有重要的现实指导意义。真诚希望广大中小学能够从学本课堂的成功经验中汲取营养，努力实现由'以教为主的课堂'向'以学为主的课堂'的转变，全面提高人才培养的质量。"

　　本次活动的主会场设在圣城中学的报告厅，我们圣城小学是小学的主场学校，来自全国14个省（直辖市）的小学教师在我校进行了同课异构活

第四篇　课堂改变学校就会变

动。据一位老教师说，这是学校建校30多年以来，接待与承办规模最大、档次最高的一次全国性活动。我们管理团队高度重视，以此作为提升学校课堂建设、展示学校管理精细化、展示师生综合素养的机会。除了三个同课异构的会场，全校所有的课堂全面开放，我们本着开放的心态，诚挚地邀请来自全国各地的校长和教师进课堂指导。担任语文主评委的王金华校长，她带领河南洛阳新城实验学校创新实践，走出了一条扎实的学本课堂创建与实施之路，学校成了一所全国名校，她在观摩圣城小学学本课堂教学后，由衷地赞叹道："你们学校才做了一年的时间，学生们在课堂上展示出来的综合素养，就达到这样高的水平，确实令我们佩服。"见我真诚地请她指导，她也提出了不少好的建议，我们两所学校也成了友好学校。

四川成都武侯区红专西路小学的董老师，面对记者的采访，动情地说："寿光市圣城小学的学本课堂做得很规范，课堂上孩子们落落大方，特别自信，特别有礼，我在课堂上与孩子们一起学习，感到很舒心！"

这次承办全国性活动，我们还有一个意外收获。中国教师报的吴绍芬主任全程参与了活动，用了半天时间专门采访我们。于2017年1月18日，在中国教师报用了一个整版，以《韩高波：不做糊涂的先生》为标题，全方位报道了我们学校的课程、课堂、文化等方面的典型做法。

整版报道分成教师是学堂"大同学"、"全息课程"让学生自由生长、让学校浸润"圣贤味儿"、教师发展要"抱团儿"四个部分。在"教师是学堂大同学"部分，她写道：寿光市圣城小学的老师们全员全科全时地推进学本课堂教学改革。他们把教室改为了学堂；把办公室改为了团队研究室；教师活脱脱在课堂上变成了"大同学"；课堂开始由"教本"转变为"学本"，即由教师讲授为中心的课堂转变为学习者学习为中心的课堂。

2019年11月6日，潍坊市小学"基于课程标准的教学改进行动"研讨会暨第三期齐鲁名校长建设工程人选工作坊群组入校研讨活动在我校成功举行。这是近几年来，学校举办的在省市有影响力的课堂教学展示活动，是潍坊市小学基于课程标准的教学改进行动所有联盟校的第一次展示活动，是第三期齐鲁名校长建设工程人选工作坊群组入校观摩研讨活动的第一次活动。

在这次研讨会上，来自全省的14位齐鲁名校长参与活动，来自潍坊市的几十个联盟校参与活动。在这次研讨会上，王艳梅、王洪娟、孙乔三位老师分别展示了语文、数学、英语三节公开课，全方位展示了我校"学本课堂"

实施四年以来取得的成效，全面展示课堂结构和课堂流程，全面展示"以学为本"的课堂对学生综合素养提升的效果。

潍坊市教科院孙俊勇科长在点评时说："这次研讨交流活动实际上是一次成果展示活动，作为47所联盟校开的第一炮，这一炮打得非常响。从展示的三节课中，我们可以看出圣城小学的学本课堂，优点非常多。孩子们落落大方，非常自信，积极参与和表达，我看到圣城小学学本课堂改革，在孩子们的素养上反映出来，效果是非常显著的，真正实现了让学生站在了课堂中央，学生成为学习的主体，学习是学生自己的事情。"

由张海艳、王银兰、孙文正、王晓明等代表各学科教师，以团队分享的方式，做了题为"基于课程标准的深度学习研究"的汇报。潍坊市教科院逄凌晖副院长评价说："从圣城小学老师们的汇报展示中可以看出，他们的教学设计指向教学评的一致性，体现了深度教研和深度学习。"面对电视台记者的采访，济宁市东门大街小学时秋静校长说"圣城小学的孩子们在课堂上展示出来的素养，让我们感到震惊，以学为本的课堂能促进孩子的全面发展，能培养孩子们的自学能力和自我管理能力"；烟台市牟平区第二实验小学的姜曰美校长说"圣城小学教师团队的研究意识和研究精神，让我们看到一支和谐向上的团队，看到一支深度研究的团队！"

这次活动的成功举办，我感到特别兴奋。因为这是对四年"学本课堂"创建与实践的最好肯定；因为这是对持续研究、共同奋进的圣城小学教师团队的最好褒奖；因为这是对刚开展一年的基于课程标准的教学改进行动的最好动力。这期间的苦与乐，我自己的内心最清楚。

这次活动的成功举办，我感到特别欣慰。"对我们学校来讲，这是第一次接待来自这么多地方的专家、校长和老师，这是一个考验。"我们学校的一位中层干部由衷地说。我觉得这也是锻炼干部队伍的一个好机会。由甄永、邵学刚、刘月祥等多名干部组成的接待小组，提前联系、热情接站、用心引导、无缝衔接，让每一位来校的齐鲁名校长感受到学校教师团队的热情。"你们的老师太用心了，贴心得让我们感动！"济南市天成路小学的姚晶校长说。

这次研讨活动后，有多个地区的学校联系来校观摩交流。德州经济开发区实验小学的孟杰校长选派骨干团队来校交流，与滨州等地的三个教育考察团一起参与了听评课、座谈交流等，也促进了我们学校的精细化管理和学本课堂的提升。

　　小学校承办大活动，虽然压力大、付出多，但是能锻炼教师队伍、能促进学校精细化管理、能提升学校的知名度、能给教师搭建专业化成长的舞台，这种能提升教学和管理的大活动我们还是很期待的。

践 谈

　　我们做每一件事都是在成长，有收获、有教训、有经验、有不足，无论是哪一个，都是成长的体验。对于学校而言，有很多的活动，如何能让活动更有效？关键是让师生真正参与进去，在参与中学习、磨炼，最后生成的结果很可能会出人意料——自主能力、合作能力、创新能力，这些都是成长的财富！

做得比说得更精彩

师语

王符的《潜夫论》说："大人不华，君子务实。"王守仁的《传习录》说："名与实对，务实之心重一分，则务名之心轻一分。"这些思想，就是中国文化注重现实、崇尚实干精神的体现。教育是国之大计，作为基层学校，任何一项工作都必须扎扎实实做好，唯有实干才能赢得更多的喝彩声！

"通过现场观察、听课评课、座谈了解，我认为寿光市圣城小学的学本课堂言行一致、表里如一，做得比说得更精彩！"马凤喜所长给出了这样的评价。2017年4月19日，潍坊市教科院王尤敏副院长、马凤喜所长、孙俊勇科长、刘德义所长来校实地考察"潍坊市教育教学重大问题行动研究项目——创建学本课堂，提升学生自主合作探究能力"，通过深入听课、转课、查看材料，得出了以上的结论。

潍坊市教科院的专家团队为什么突然来校实地考察？事情的经过是这样的：前几天，在潍坊市中小学教育教学重大问题行动研究项目展示活动中，我们学校的学本课堂创建项目，得到评委们的一致认可，在70多个项目中获得全市第三名，有望荣获潍坊市教学成果奖。专家团队做事特别认真，他们"用你所说评你所做"，你们在展示活动中是这样说的，然后来学校实地看一下你们是否是这样做的，说与做之间到底有多大的差距。因此，我们学校就有幸得到专家团队的现场指导。

2016年4月，我们学校的"创建学本课堂，提升学生自主合作探究能力"申报潍坊市教育教学重大问题行动研究项目成功。以此项目为依托，我们深

第四篇　课堂改变学校就会变

入扎实地研究和实践"学本课堂"。

我们是如何做的呢？基于对校情、学情、教情的分析，我校进行全员全科全时的"学本课堂"教学改革。学本课堂不是教本课堂，也不是生本课堂。学本课堂是以学习者（学生、教师和参与者）学习为中心的课堂，这里的学习者不是单一指学生，而是包括学生、教师和其他参与者。在"学本课堂"上，师生关系发生了本质性变化，教师和学生同属于学习的主体，是"大小同学"的关系，教师是平等中的首席。"学本课堂"的主要特征是小组合作团队学习，学习方式是自主、合作、探究学习。"学本课堂"的核心观点是实现学习者的自我教育。经过"学本课堂"的创建，学习者能够实现自我学习、自我管理、自我评价和自我发展。

我们构建了"学本课堂"的"一二三五"体系。一个导字，即目标导向、学案导学、问题引导；两大支柱，即学习小组建设和导学案编制；三套系统，即课堂流程系统、课堂评价系统和课堂文化系统；五个环节，即学生按照独学、对学、群学、展示、训练五个环节进行自主合作团队学习。

我们拟定了入格、出格、风格三个阶段推进。在入格阶段，引导教师团队系统学习学本课堂理念，实践学本课堂操作技术，全员、全科、全时推进小组合作团队学习，实现由"教本课堂"转变为"学本课堂"；在出格阶段，各学科研究出具有本学科特色的课堂，由5~8名骨干教师走出去做名师、做专家，在市、县两级"双改行动联盟校"中起引领作用；在风格阶段，骨干教师形成自己个性化的课堂，学校形成独具特色的个性化课堂教学模式，在市内外发挥辐射带动作用。

我们采取了九项推进策略，分别是可视形态、切块落实、滚动推进、定点规范、组团取经、粘胶学习、切片教研、复制推广、一站到底，这些推进策略保证了学本课堂的技术规范地落实到每一个课堂中。这些推进策略的总结和提升要感恩林春英主任和刘爱军主任，她们帮助从做法中寻找规律，从做法中提升理念。例如，为了让每一位教师更易于理解和操作，更快速更规范地把学本课堂的操作流程和操作技术落实到课堂中，我们采取了切块落实的策略，即学校在专家团队的理念和实操技术引领下，把"学本课堂"分解为小组建设、自学（独学、对学和群学）、展示、训练、课堂评价和导学案编制六块。每一块都有相应的实操流程，各团队和教师分别落实和规范自己的课堂，最后再根据评价细则对课堂进行评比和验收。"切块落实"策略便于教师更快速地掌握课堂操作技术。

四年多的实践，我们感受到了诸多的变化，这些变化带给我们惊喜，更带给我们欣慰。

一、学本课堂改变了课堂生态

"学本课堂"是以学为主的课堂，师生是大小同学关系，教学方式发生了根本性变化，"插秧式"的课堂模式变为小组合作团队学习，学生真正实现自主、合作、探究学习，课堂上产生真实的思维碰撞，充满生机与灵动。"在小组内合作学习，是我们喜欢的，在展示时互相交流也是我们喜欢的，我们不仅学会了自己学习，还学会了与同学合作学习，更重要的是我们同学们能积极展示学习成果。"学生崔钰淇说。

二、学本课堂改变了学生状态

学生由坐着听到站着讲，由被动听变成主动学，由个人学变成了小组学，由不敢讲变成争着讲，学生的综合素养得到大幅度提升。学生朱雨轩说："我原来在课堂上不敢发言，怕出错同学们笑话我，现在我积极争着上台展示，为了准备好展示，我自己课前就开始认真预习，爸爸妈妈说我在家知道爱学习了。"

三、学本课堂改变了教师神态

中老年教师由职业倦怠到迸发研究激情，青年教师由害怕上课到争先出课，教师团队由一枝独秀到抱团成长。学校涌现出一大批成"家"的教师，四年来有89人次以专家或名师身份到江苏、河南、陕西等地做"学本课堂"的培训师，有17位教师在全国性"学本课堂"展示活动中获奖。

四、学本课堂改变了学校样态

学本课堂的研究与实践，让学校知名度和满意度得到大幅提升，四年中来自江苏、河南、福建、山西等60多个省外教育考察团慕名来校观摩。"自学校开展学本课堂以来，我的孩子变化很大，孩子的学习积极性提高了，自信心也增强了，作为家长我很满意。"家长李宝国说。

2017年9月，教育部党组书记、部长陈宝生在《人民日报》撰文《努力办好人民满意的教育》，吹响了"课堂革命"的号角，他指出：课堂是教育的主战场，课堂一端连接学生，一端连接着民族的未来，教育改革只有进入到课堂的层面，才真正进入了深水区，课堂不变，教育就不变，教育不变，学生就不会变。值得庆幸的是，我们的课堂改变已经起步，并取得初步成效；值得庆幸的是，我们教师团队的研究意识得到增强，并取得初步研究成果；值得庆幸的是，我们的学本课堂、全息课程、圣贤教育和深度学习，均列入潍坊市中小学教育教学重大问题行动研究项目，一年一个重大问题研究项目，我们应感恩市县两级教研部门的支持，还应感恩我们这个事争一流、用心研究的教师团队。

践 谈

人生真正的精彩是在走过之后留下的印迹，而不是口中的"空中楼阁"。任何事情说起来都很容易，但做起来真的太难，这个过程消耗的是时间精力，甚至磨耗着人的意志力。在课改的路上，我们遇到过困难挫折，但这些没有击垮我们，反而激发起了斗志，"风雨之后的彩虹更美"，因为我们每一步都走得实、走得稳！

打工子弟登上北京舞台

　　"我们学校的学本课堂一定能走出寿光，走出山东，走向全中国！"四年级的小导学员魏子淇面对500多人的专家、校长和教师，激情地说了"大话"。

　　台下响起热烈的掌声，不知道是为这节课上孩子们的精彩展示鼓掌，还是为这个小胖孩最后的"大话"鼓掌。我当时感到很尴尬。

　　师生们一下场，我先鼓励了师生们一番，因为我们学校展示的这节课，是这次活动中最出彩的一节课。然后，我就把导学教师宋瑜主任叫到一旁，"宋主任，咱们学校校风的第一个关键词是诚信，你们怎么教孩子说大话呢，在启动仪式上就这样吹牛皮，让全市的校长和老师怎么看待我们呀！"我以为是教师在课前"安排"或者"嘱咐"了孩子。

　　宋瑜主任特别委屈，说"校长，我们真的一个字也没有跟孩子交代，完全是这个孩子的临场发挥，我们是绝对不会嘱咐孩子说这样的话的。"我又以记者采访的语气，问了这个小胖孩，他信心满满地说："老师，我有一个梦想，就是希望我们学校的学本课堂能做好，能做得在全国都好，因此我就说了那样的话。"

159

原来是我误解了教师和孩子。这样的事情没法解释，也不可能在会场上跟与会的校长和教师说"刚才孩子夸的大话，只是孩子的临场发挥，老师没有嘱咐孩子，学校也没有这样安排"。这件心里感觉尴尬的事，就只能放在那儿了，不论别人如何评价和看待。这是发生在2015年11月的一件事。

那天，中国教科院学本课堂项目组第一次在寿光进行课堂展示活动，寿光一中、圣城中学、圣城小学分别展示了一节观摩研讨课。项目组没有提前跟我们交代用几年级的学生，我们就定了四年级五班的一节数学课，由宋瑜主任来导学。结果项目组知道后，坚决不让，非得让六年级的学生，并说在其他实验区的第一次展示活动，小学组都是用六年级，没有用中低年级学生的，并一直强调这样展示不出好的效果。

可是我们已经做了安排，这个班的师生都知道明天要进行展示活动，现在要通知更改班级，对教师、对孩子无疑都是不信任，都会是伤害。于是，我又跟会务组进行了协商，最后会务组看拗不过我，就同意了我们的方案。就这样，就有了宋瑜主任和孩子们这一节精彩的展示课，我也认识了这个小胖孩魏子淇。中国教科院的韩立福博士也喜欢上了魏子淇和另一个小胖孩魏子强，每次来校都让我找上他俩，与他们交谈并合影。

时间过得很快，转眼到了2017年8月，我突然接到中国教科院学本课堂项目组的电话，邀请我们的师生团去北京参加全国第三届教育创新成果公益博览会，在学本课堂专场上进行展示，全国就邀请了两所小学。

我立即想到了小胖孩魏子淇，想找他所在的班级去北京展示。"韩校长，不可能找到原来展示的那个班级了，因为破解大班额的原因，这个年级已分过两次班了。"负责教学的主任跟我说。"那就找他现在所在的班级去展示吧。"

"这里是一处语言描写，一共用了五个叹号，通过喂海鸥、唤海鸥、谈海鸥，以及老人得意的话语，老人眼睛的生动，我们都能看出老人与海鸥的感情，老人真的把海鸥们当成了自己的孩子……"魏子淇激情地展示着。在北京师范大学的报告厅内，潘秀美主任与孩子们正在展示《老人与海鸥》。孩子们的精彩展示得到与会专家、教师高度评价。

坐在台下听课的我，心情特别激动，心里想到了很多：这群打工子弟来到北京大舞台展示，既圆了这个小胖孩的梦，也圆了学校课堂教学改革的梦。随着工厂企业的"退城入园"，我们学校正在由一所"职工子弟学校"

渐变为"打工子弟学校"，现在进城务工子女和外来务工子女占到了65%以上。这些打工子弟们更需要学校为他们提供展示的舞台，更需要教师给予他们更多的关爱。"做教师就是一辈子积德的事，关注弱势群体的教育更是一件最积德的事！"

《潍坊教育》的记者来校采访，知道了魏子淇和魏子强这两个小胖孩的故事，就一起采访了他们俩。"我觉得'学本课堂'真好。我们可以团结互助解决问题，老师成了我们的大同学，同学们都更爱学习了，也体会到了学习的乐趣。我感觉通过展示环节，我胆子大了，不拘束了，以前不敢表达，现在我会毫不迟疑跳到台上展示观点。而且，我们都懂得了集思广益、质疑和团队合作，辩论和表达能力都有了提升。上次小组评价，我们小组得了第一名！"魏子淇这样告诉记者。

一旁的魏子强同学也不甘示弱："我们在课堂上互帮互助，互相质疑，都学会了圈画重点、质疑和表达！我跟魏子淇现在天天在课堂上互相质疑！"

潘秀美主任告诉记者，换作以前这一幕幕根本不敢想象。此前，拘泥于教本课堂，教师台上讲，学生台下被动接受，即便后来的"小组合作学习"，也仅停留在学生预先分组课堂学习、之后教师讲授的层面。教出的学生都呈现"书呆子"特质。自从创建"学本课堂"，变化天翻地覆，学生课上课下生龙活虎、侃侃而谈、唇枪舌剑，她和同事们都习以为常。

后来，我们的师生团再次受邀到中国教科院学术报告厅进行团队展示，自编的经典诵读节目《穿越唐宋》也登上了北京电视台少儿春晚的舞台。

2019年12月，我带河南省的一个教育考察团去寿光现代明德学校参观学习，刚进入体育馆，就看到一个大胖男孩向我们跑过来，还没弄清是怎么回事，他就一下子抱住了我。原来是魏子淇，我特别开心，发现他长高了、脸上显得更自信了。经过短暂的交流，我了解到：现读八年级的他学业成绩特别优秀，当了班长，还参与几项社团活动；他谈到那次去北京课堂展示的激动和喜悦，展示结束后去看天安门广场的升旗仪式，那是他第一次去北京……

打工子弟登上北京舞台，圆了孩子的梦想。爱因斯坦说过一个关于教育的定义："如果一个人忘掉了他在学校里所学到的每一样东西，那么留下来的就是教育。"我心里想，若干年以后，当魏子淇把在小学所学的知识都忘掉时，他可能还会记得当年在会场上说的"走向全中国"的豪言壮语；他可能还会记得在北京师范大学教博会上的精彩展示；他可能还会记得第一次在天安门广场看到的升旗仪式。

打工子弟登上北京舞台，圆了学校的梦想。我一直认为，一所学校的发展就两个标志，一是孩子的成长，二是教师的发展。在学本课堂上，孩子们的自信心得到增强，自学能力、合作能力、表达能力、思辨能力得到提升，有了更多的展示机会，给孩子们烙下的是"我的课堂我做主、我的事情我来做"。在研究学本课堂的过程中，教师团队的研究意识增强了，团队合作能力提升了，有了组团外出做名师、做专家的机会，给教师烙下的是"没有完美的个人，却有完美的团队"的工作印记。

📖 践 谈

我们时常听到某些父母在教育孩子时，会说"要好好学习，将来才能有前途"，或者"你不努力，以后没有好工作，别人都会瞧不起你"。殊不知，比起别人眼中的成功，孩子更希望通过努力实现自己的梦想。也许，很多孩子在长大成人之后，会选择一条与儿时梦想截然不同的生活之路。但梦想始终是他们成长过程中的引路者，因为梦想而付出汗水和泪水、经历的磨难考验、学习到的知识经验，会让孩子们拥有一个充实的童年。

我们要学够了再走

师语

　　著名数学家马尔科夫说："任何一个进步的体系，也都是开放的，不然就会丧失其发展的可能性，因而也就会丧失其进步性的特点。"教育也是如此，固守的教育终会丧失活力，唯有以开放的姿态，以包容的心态，来面对当前教育的形势，接受新的思想理念，才能在深刻变化的教育中稳步前行。

　　学校迎来了河南省巩义市的一个教育考察团。这是一个特殊的考察团，特殊在她们是一个"专科"团，全部是英语教师；特殊在她们是一个"拼多多"团，是5所学校的英语骨干教师一起来学习的；特殊在她们是来了就不想走，要学够了再走的一个团。

　　河南巩义市考察团预定的行程是往返各一天，在校学习一天，我们也只做了一天的安排。结果第一天上午听完三节英语课后，她们就决定改变行程，纷纷给她们的校长打电话："校长，我们感觉在寿光市圣城小学观摩英语课堂收获很大，一天的时间不够用，我们要住下来好好学，等学够了再走可以吗？"

　　后来，她们在校学习了三天时间，把我们学校所有英语教师的课全部听了一遍，参加了一次英语研讨交流会，才满意地离开。负责带队的蔺老师说："在我们那儿，全区推进小组合作学习的课堂教学，语文、数学等学科推进的速度很快，可是英语学科很特殊，我们一直很苦恼、很纠结，这次来到这儿学习，感到豁然开朗，原来英语课堂可以这样放手给孩子，原来英语课堂也可以这样精彩！我们跟校长说要学够了再走，好在校长们都很支持，这次是取到真经了，回去后马上复制落实！"

第四篇　课堂改变学校就会变

我们管理团队以开放办学的姿态，"以天下课改人是一家"的情怀，热情欢迎每一个来访团。四年时间，先后有江苏、河南、福建、山西、重庆等60多个省外的教育考察团慕名来校观摩学习，市内外的教育考察团更是络绎不绝，办学条件相对落后的小学校迎来了济南、青岛等地名校的教师团队。

"以学定教、先学后教""小组合作、自主学习"是很多学校都在探讨、研究的课题，也是课堂改变的风向标。几乎所有来访的学校或教育考察团都是围绕着课堂的改变，都在试图把"以教为主"的课堂转变为"以学为主"的课堂，都在努力发挥学生的潜能，让学生成为学习的主人和课堂的主人。

一、开放办学促进课堂发展

每一个教育考察团来访，我们的课堂都是常态开放，全面开放。教师会更用心地准备每一节课，会与孩子们一起更精心地上好每一堂课，孩子们展示得更精彩。从一定意义上讲，开门办学、开放课堂，对学校是挑战，但对课堂是促进。"每一次来访团全校转课，我校出示的每一节观摩课，对我们的青年教师都是提升，都是在促进学本课堂的规范！"数学研究团队的王老师与来访团的一位教师交流着。

二、开放办学促进教师成长

有交流就有智慧碰撞，有研讨就有理念提升。与河南省的几个课改学校的骨干教师们一起碰撞"复习模"，研究复习课的流程，开发复习课的导学案，让复习课更高效，让知识梳理和能力提升变得更简单。在研讨中，每个人都带着满满的激情，把自己的思考、实践进行充分的分享交流；研讨中，为了一个环节的处理，会争得面红耳赤，达成共识时，又有幸福愉悦的微笑；研讨中，有冥思苦想的痛苦，有知难而上的勇气，也有迎刃而解的欢畅。

三、开放办学促进课程梳理

来访的教育考察团多了，也逼着我们有了接待的流程和对应的课程，当然我们所有的课程都是完全公益的，我们教师做的每一个讲座，参加的每一次座谈，展示的每一节课，不用说费用，甚至绩效工资里面连加分都没有体现。我们觉得这是为了教师成长，参与本身就是一个提升的机会，这是为了学校发展，学校发展是人人应做的事情。中国新教育研究院的核心团队和山西省吕梁市离石区的教育考察团想现场深入地体验小组合作学习，我们就邀请了世纪教育集团的林春英主任进行现场体验式培训，他们玩得开心，学得开心，在游戏中体验了如何划分学习小组，如何在小组内自主合作探究学习。吕梁市离石区呈祥路小学的李国萍校长说："这样的体验式培训太有意思了，在轻松愉悦中，我们就学习并感受了小组合作学习的意义，初步掌握了小组合作学习的技巧。"我们教研团队也借开放办学、观摩团来访，进一步梳理和完善了我们的课堂培训课程和教师培训课程。

四、开放办学引进外智资源

多个教育考察团的来访，我们有机会建立了多个友好学校。通过中国教科院牵线，我们与云南省芒市的民族小学和遮放镇中心校结成友好学校，他们已分三个批次，60多位教师来到学校跟岗学习，其中有多位教师是少数民族的教师。我们学校从2016年起，56个班级，每个班选择一个民族进行研究，全校掀起了"民族课程"研究热潮。友好学校的傣族、傈僳族、景颇族的教师分别到对应的班级，给我们的孩子讲民族的生活习俗，孩子们非常喜欢，收获也特别大。

五、开放办学提升学校声誉

我先后为江苏省滨海县、广东省连山县、甘肃省泾川县等地校长培训班做专题讲座。江苏省滨海县的周世益校长在微信群中写道：聆听了寿光市圣城小学校长韩高波为大家做的题为"让学生站在课堂中央"的报告，我为"让学生站在课堂中央"的理念和做法所折服；他们在教与学的改革路上，构建了一种全新的教学生态；他们的学本课堂抓住了课堂的核心，让每一个学生都成为主角，让学生"自主学习、合作学习、探究学习"成了教学的出发点和归属点。我相信，让学生站在课堂中央，成为课堂的主角，我们的教育一定能走得更远。

📖 **践 谈**

能在短短的几年内，从默默无闻到成为省、市课改名校，坚定不移的道路就是"走出去、请进来"，让更多更好的教育资源进入学校，也让自己的优势实现更大化。一个学校毕竟是势单力薄，结成同盟，共同提高，才是一所学校能够活力持久的重要动能。

第五篇

追寻完美的教师团队

清华大学"终身"校长梅贻琦说:"所谓大学者,非谓有大楼之谓也,有大师之谓也。"

好学校是好教师实行的好教育,好教师的成长离不开优秀的教师团队。教师是学校持续发展的生力军,优秀教师更是一所学校发展的灵魂,提高教师队伍的整体素质是增强学校核心竞争力,提升学校教育水平的重要环节,是学校可持续发展的重要保障。

唯有坚持"教师团队发展第一"的理念,每一位教师才能在团队中感受到职业的荣耀感和幸福感,也才能真正把学生放在心上、用心育人、潜心教学,做一名新时代的"四有"好老师!

教师团队发展第一

师语

　　苏霍姆林斯基在《给教师的一百条建议》中讲道："只有全体教师拥有共同的梦想，形成强大的合力，持续健康的发展才是必然的结果。"一个人再完美，一个人再优秀，也只能走得快，但不会走得远。教育是一项系统的工程，不是单打独斗，更不能一意孤行，每个人的成长都离不开团队，只有全身心地融入到团队中去，让自己成为团队的一分子，才能最大限度地实现自身的价值。

　　阿里巴巴从初期的"十八罗汉创业"，发展到现在拥有几万人的国际大公司，依靠的是什么？马云给出的答案是："优秀的团队是发展的真正核心竞争力。"在这个团队制胜的时代，拥有一支优秀的团队就拥有了一往无前的力量。

　　"上下同欲者胜。"2015年底，我们管理团队借用"没有完美的个人，只有完美的团队"这句话，想在这个理念的引领下，让所有教师增强团队精神，激发教师团队的积极性，形成浓浓的团队正能量。寿光市教体局李玉明局长来学校指导工作时，看到这句话，在听完我的解读后，他建议："'只有'若改为'却有'是不是更恰当一些呢。"我们管理团队经过认真地研讨、分析、解读，最终确定了"没有完美的个人，却有完美的团队"教师团队发展理念，并把"教师团队发展第一"作为办学理念确定下来。

　　在"教师团队发展第一"的办学理念引领下，我们管理团队把教职工按级部、科室分成了七个教研团队，每个大教研团队又按学科或职责分成若干小教研团队。我们把所有的办公室改为了团队研究室，给所有教师一个暗示：办公室是教师办公的地方，团队研究室是教师团队研究的地方。正如我们所期待的，现在团队研究室的集体交流、团队研讨成了常态，同一个团队内老带新、新促老、共成长成了发展的动力。河南省郸城县实验小学张艳春老师在观摩学习总结中写道："圣城小学教师团队浓厚的研究氛围，每周的各学科集体大教研，在办公室老师们随时随地的教研，我想这些可能与把办公室改为团队研究室有关吧！"

"二人同心，其利断金。"我们管理团队有工作分工，但大多时候是合作。我们把党支部建到了学本课堂里，四位校长和一位教学主任组成了学本课堂指导团队。在学本课堂实施的前几个月里，所有校长几乎做到了从上午第一节课，到下午最后一节课，全程"泡"在课堂里，与教师一起研究，正是这样"一站到底"式的作风，起到了极大的推动作用。"不光分管教学的校长在课堂指导，而是所有的学校班子成员全部在课堂，我们看到了学校的决心，也知道课堂成功的一个关键秘诀。"福州市实验小学张炳刚老师来校观摩时由衷地说着。

"众煦漂山，聚蚊成雷。"正是因为管理团队的整体推进，教师研究的积极性高涨，学本课堂很快见到了成效。中国教科院韩立福博士来校指导时评价说："圣城小学学本课堂创建工作取得了显著的阶段性成效，真正做到了由教本课堂向学本课堂的转型。"孙文正主任信心满满地说："在学本课堂教学改革推进的过程中，我们团队的教师都不服输，我们一起研究，一起解决难题，我们一定会取得好的成绩。"正是因为我们采取了团队捆绑式评价，六个团队互相竞争，展开正向竞赛，才成就了"学本课堂"特色学校；我们学校的"打工子弟"两次受邀到北京展示课堂，圆了孩子们"走出寿光、登上北京大舞台"的梦想；学校成了寿光市特色学校和潍坊市双改优质特色学校，才有了60多个省内外的教育考察团慕名来校观摩学习，也有了89人次的教师以专家或名师的身份，抱团到省内外学校进行新课堂的指导或培训。

学校也涌现出了一批个性化的团队。刚入职到圣城小学的魏永昭老师，参与了中层干部的竞聘，带出了一个活力四射的团队。在一次中层干部述职中，他幽默地说："我们团队一共25人，有24个美女，还有我这一片绿叶。我们的大团队有12个班主任组成的铿锵玫瑰团队，她们关注细节，注重养成，成就了一年级学生良好的习惯养成；有7个学科骨干教师组成的魅力康乃馨团队，她们互帮互学，共学共研，提升了一年级教师团队的专业化水平；有6位资深教师组成的飘香丹桂团队，她们用自己的人格魅力，对我们进行专业指导，引领我们团队健康发展；我就是一片绿叶，陪衬着我们团队的红花们一起前行，我们过得很充实，走得很坚定！"

我们对团队实施捆绑式评价，既然定了打团队战，我们就评价团队。所有教师的集体荣誉感增强，很多教师平常说的一句话就是"自己怎么样都无所谓，但决不能给团队丢脸，决不能给团队拖后腿。"

青年教师张海军，在一次分享交流上，以"团队助我成长"为题，声情并茂地讲述了自己两年的成长历程：暖心的青年教师团队，一起欢笑一起幸福成长；强大的学科教师团队，带给他教学的智慧；正能量感爆棚的级部团队，搭建起充分学习和施展才能的平台；"私人订制式"的师傅团队，让他捧回了基本功大赛特等奖的殊荣。他用自己的成长完美地诠释着"没有完美的个人，却有完美的团队"教师团队发展理念。

每年的教师节，学校都会对所有团队进行颁奖。当教师团队一起站上领奖台时，我们会发现一些教师激动得眼里噙着泪，像小学生初登领奖台一样，那种激动和幸福溢于言表。教师不在乎那几个少得可怜的"团队奖金"，但非常珍视这个团队荣誉。当团队收获了荣誉和成就时，我们每一个为之付出过努力的人，也将最大限度地实现着自身的价值。

📖 践谈

"千人同心，则得千人之力；万人异心，则无一人之用。"一个团队的凝聚力、向心力源自哪里？我们在团队建设中的感受是——同心、同德、同梦想。"万人操弓，共射一招，招无不中。"团队发展的力量既需要外部的推动力，更重要的是内在的驱动力，而驱动力就是有共同的愿景和理想，大家心往一处想、劲往一处使，向着一个目标齐心协力，这个过程是统一思想、统一行动的过程，也是锻造自我，发挥价值，不断历练成长的过程。

每一个人的教师节

师语

　　尊师重教是中华民族的传统美德。《礼记·学记》中讲："师严然后道尊，道尊然后民之敬学。"教师受到尊重意味着人们重视教育，人们接受教育就会认识到学习的重要性，为懂得更多的道理就会重视学习，尊敬教师。形成如此良性循环，让教师能全心全意投入到教学中去，才是对教育、对孩子最好的负责。

　　教师节是全社会尊师重教的节日，是专属于教师的节日，理应成为每一位教师期待的节日。但是，在网络上我们却看到有教师发文，建议国家取消教师节。这又是什么原因呢？也有网友做了互动式的调查，结果显示：因为有很多地方把教师节过成了少数优秀教师的节日，只有极少数的优秀教师得到表彰，大多数教师没有获得感和幸福感；更有一些地方把教师节过成了"教育教师节"，相关领导借"教师节"对教师进行思想教育，美其名曰"向榜样看齐，提升师德修养"，让大多数教师心里不舒服，心里想"我也没少做工作，评不上优秀也就算了，还在这一天接受教育，心情很不好。"

　　教师节演变成了少数优秀教师的节日，成了大多数普通教师的"难过日"。看着别人过节，自己还要做陪衬，"年年岁岁花相似，岁岁年年人不同"，优秀的总是别人，不优秀的总是自己。想一想，大部分教师的心理感受，就可想而知了。

　　成都武侯区实验学校李镇西校长在一篇文章中写道：教师节不应是"优秀教师节"，也不应是"教育教师节"。每年教师节各地都会举行各类优秀

第五篇　追寻完美的教师团队

教师的表彰会，这是应该的。但教师节应该是所有教师的节日，而不仅仅是"优秀教师""最美教师"等各类少数教师代表的节日，教师节还应该属于每一位普通的教师。

有的教师可能一辈子没有上过高层次的公开课，却用心用情给孩子们上好了每一堂课；有的教师可能没有发表过论文或著作，却认真地给孩子们写好每一条评语；有的教师可能没有获得各类"优秀"，却是学生们喜欢的好老师；有的教师可能不善于表达，却是令家长们尊敬的"大先生"。

寿光市圣城小学从2016年起，我们用心把一年一度的教师节，过成了所有教师期待的尊师节、拜师节和团队表彰节。

一、我们把教师节过成了尊师节

每一次教师节庆祝大会前，我们校务会成员都会站在会场外，给每一个进入会场的教师送上一枝康乃馨，并道一声"教师节快乐"，每一位教师的脸都像花儿一样绽放出灿烂的笑容，有的教师还激动得热泪盈眶。2018年，学校餐厅工作人员还为每一位教师准备了一个精致的水果盒。一边参加表彰会，一边享受美味的水果，重要的是体验到被尊重的感觉。

每一位教师都值得尊重。教师节的第一个环节是请所有年满50岁以上的教师上台，由校长们向他们每人赠送一捧鲜花，因为他们是学校发展的见证者，更因为他们是学校发展的功臣；他们或许没有"优秀"称号，但却早已桃李满天下；他们或许默默无闻，但他们的学生却在全国各地建功立业。他们每一个人都是值得我们尊重的。学校给他们的颁奖词是：

授道解惑杏坛前，含辛茹苦不知年。智者坚毅，学高为师；仁者爱人，立德为范。加减乘除，算不出此间奉献；赤橙青蓝，何以画辛苦流年？凭谁问圣人尚在？来此间先生安然。

"在每年的教师节上，我们都第一个登上领奖台，学校领导为我们敬献精美的鲜花，让我们这些即将退休的老教师很激动，我们找到了做教师的尊严，有了价值感和幸福感！"54岁的郭翠华老师动情地说着。

二、我们把教师节办成了隆重的拜师节

青年教师的成长离不开骨干教师的引领。学校依据年级、学科情况和管理经验，让每一位年轻教师拜一至两位师傅。教师节上，青年教师为师傅敬

献鲜花，行三鞠躬拜师礼；师傅为徒弟送书礼，并手拉手，面对面，说着衷心的祝福语。学校给师傅们的颁奖词是：

满怀仁爱，方有浓情不辍；职责神圣，矢志潜心钻研。因材施教，耦耕人哪知一腔悲悯；升堂入室，非亲历难谙片席渊源。是传承创新，点石成金；是百舸争流，栋梁成林。

看到此景，我的脑海中呈现出师傅手把手地教徒弟备课、上课的场景。把每一位青年教师交到师傅手中，我们很放心！

来校顶岗实习的青年教师郑伟在一次分享交流会上说："刚入职时，面对学生，我很恐慌、迷茫，于是我就采取了听师傅一节课，然后自己再讲一节的办法，在张玉芝老师的精心指导下，我顺利度过了迷茫期。在师傅的不断激励和鞭策下，我刻苦训练基本功，在全市的青年教师基本功大赛中获得了特等奖。"

三、我们把教师节办成了团队表彰节

教师节应是每一位教师的节日。每一位教师都有上台接受鲜花和掌声的机会。在"没有完美的个人，却有完美的团队"的教师团队发展理念引领下，我们对全体教师进行团队捆绑式评价，课堂教学、学生管理、各项活动均纳入其中，评价分特等奖、一等奖和二等奖，做到所有团队都获奖，只是奖次不同，让所有教师增强了集体荣辱感。最重要的是，我们的颁奖仪式，不是教师代表上台，也不是一个或几个教师上台领奖，而是一个个团队中所有成员全部登上领奖台。请家长委员会或办学理事会的核心成员为团队颁奖。学校给优秀教师团队的颁奖词：

心擎桅帆，诚信明礼；教学相长，维实维新。润泽葵花青青，寒暑何惧？力行圣贤治学，关山几重。功成不必在我，授徒绛帐；师德标示高度，大美无形。今集秋风十万，异日文章礼乐，桃李满山。

"我们学校的教师节不是少数优秀教师的节日，而是以团队的方式，让每一位教师都享受上台接受鲜花和掌声的机会，老师们感受到真正的尊重，感受到了团队的激情，在这样的团队中工作动力十足。"教师节庆祝大会后，在偏远乡镇支教三年的刘文礼老师兴奋地说道。

即将退休的李兆华老师，在感言中写道："站在校门外，圣城小学四个大字映入我的眼帘，我的视线穿透而过，既看到已流逝的光阴中，我们过去的从教时光熠熠生辉；也看到了教师团队抱团成长，看到了学校的蒸蒸日上！衷心祝福我们圣城小学的明天会更好！"

我们把教师节过成每一位教师的教师节，目的是尊重每一位教师，从而让每一位教师有职业的价值感和尊严感。著名教育家于漪老师在庆祝第20个教师节的日子里，写下了这样的警醒我们的话语：我一辈子追求的是"人师"的目标，做教师就必须自觉地进行自我教育，育人先育己，"师风可学，学风可师"是我的座右铭，教师身上要有正气，教师要学而不厌。

📖 践 谈

平等者最能与平等者相投。追求平等是每一个人的内心渴望和需求，无论何种身份、何种职业的人，得到平等的对待，才能感受到个体的价值和重要性。公平公正地对待每一个学生，这是教育公平在学校层面的最好体现。但同时，教师作为知识层面和思想境界较高的人群，更渴望得到学校、同事的平等对待。唯有让教师在职业上、工作上、评优晋级等方方面面，都感受到了民主平等，教师也才能把学生放在心上，公平公正地对待每一个学生。

集体生日引发的遐想

师语

　　人本主义大师卡尔·罗杰斯提出了著名的"同理心"概念，也称之为"共情，通情达理"，"同理心"关键是激起情感的共鸣和反响。苏霍姆林斯基指出："教育就是从培养真诚的关切之情——对周围世界所发生的一切都会由衷地做出思想和情感上的反响，这是和谐发展的一般基础。"在学校软环境建设中，情感是团队的纽带，落实到行动中就是要以情待人，以情留人，形成强大的向心力和凝聚力。

　　2015年暑假，在国家教育行政学院举办的校长能力提升班上，一位知名校长讲到他每年为全校200多位教职工坚持手写生日贺卡，并且坚持了数年。他的做法深深触动了我，时至今日仍记忆犹新。

　　为每一位教师手写生日贺卡，这是尊重每一位教师的见证，说明校长心里始终装着每一位教师，在这样的团队里工作是暖心的，一个暖意融融的团队一定会有好的发展和业绩。

　　一个人生命中最重要的日子之一，莫过于自己的生日。在生日这一天，得到亲朋好友的祝福是快乐的，得到单位领导同事的祝福是幸福的。2016年，我们依据上级对工会费发放的相关规定，校务委员会商定给教师购生日蛋糕卡。但发了生日蛋糕卡，教师的幸福感就会提升吗？教师在团队中尊严和价值感就会高吗？

　　静心思考以后，我们决定重拾生日仪式感和文化感，决定把学校对教师的爱和尊重注入到原本冰冷的生日蛋糕中去。于是，就有了一个月给教师过

第五篇　追寻完美的教师团队

一次集体生日的祝福仪式。

从那时起，给每一位教师手写个性化、私人定制式的生日祝福卡，成了我工作中的必修课。我们印制了与众不同的精致生日贺卡，上面印有学校标识和学校文化。在生日祝福语的空白处，由我书写对每位教师的祝福语。依据每一位教师的年龄、学科、岗位写出团队对他（她）的评价与期待。2019年1月，过集体生日时，送给五年级王明岩主任的赠语是"愿你幸福工作、用心引领，把五年级教师团队打造成最强、最美的团队"；送给李淑萍老师的赠语是"愿您用自己的学识与智慧，引领青年教师的专业成长，在成就他人的同时成就自己"；送给王洪娟老师的赠语是"愿你用心研究、潜心思考，在学本课堂创新道路上不断前行，成为排头兵、领航员，相信你会越来越优秀"；送给夏英英、隋明超等青年教师的赠语是"愿你多读书、多学习、多反思，在成就学生的同时成长自己，做学生喜欢的好老师。"

每一张小小的生日祝福卡，都饱含着对资深骨干教师的满满感激，对中年教师的深深嘱托，对青年教师的殷殷希望。

一张小小的生日祝福卡，一份生日蛋糕卡，一次必定有校长参与，并亲手送上祝福卡的简短生日仪式，成了学校每个月的隆重活动。仪式虽然简短，却收获了教师满满的真心，营造了浓浓的团队文化。

李淑杰老师在自己的一篇随笔中写道："今天学校又为十几位老师过了集体生日。因为早已过了做梦的年龄，所以也就没了年轻人对生日的憧憬。然而两年前，当我接过韩校长亲笔书写贺词的贺卡和学校精心准备的蛋糕卡时，自己是那样的激动、兴奋和感激。一年又一年，久违了的感恩之情在心底流淌。感谢生命的厚爱，让我走进了一个追梦的团队，感谢领导的关怀，让我依然有'静看蜂教诲，闲想鹤仪形'的冲动，感受生命的美好，体验被需要的喜悦。"

学校集体生日仪式后，牟怀智老师写下了这样的话："生日对于我们每个人来说都是一个不同寻常的日子，而集体生日又为这个特殊的日子涂上了一层温暖的色彩。一句祝福、一份温情，让我们感受到学校的关怀，感受到集体的温暖。相信这一温馨时刻，不仅能留在每一位老师的心中，也会芬芳今后的教育路程。"青年党员张双双由衷地说："我有3年党龄了，今天学校为我们过集体生日，收到韩校长手写的生日贺卡，我感觉不仅是一份礼物，更是一份责任。作为一名共产党员，我要不忘初心，牢记使命，内化于心，外化于行，从实从细做好教学工作。"

2017年，在过集体生日时，我送给张玉芝老师的赠语是"您是56个班主任的总教头；您是青年教师成长的引路人；愿您用自己的人格魅力和教育智慧，为青年教师的成长搭建更好的桥梁！"那一年，张玉芝老师主动承担了班主任培训的任务；那一年，每天下午放学后，所有青年教师都会到她的班级练习粉笔字；那一年，青年教师基本功大赛获得佳绩的背后，有她的用心付出。

在收到生日祝福卡的第二天，张玉芝老师在微信上写道："生日是一个人生命中很重要的日子。自己从教35年了，从未在学校过一次生日，更没想到学校领导会亲自给自己过生日，我真的很激动；学校领导那样忙碌，还能抽时间给我们每一个人量身定做个性化的生日贺卡，并亲笔给我们写下祝福的暖心语，我真的很感动；自己只是一个平凡的老教师，只是做了一点力所能及的事情，却得到校领导这样高的评价，我真的很惭愧。"

后来，一次偶然的机会，与寿光市教体局刘福昌主任喝茶聊天，我谈起集体生日带来的感动，聊到教师团队的满满正能量。他说："既然学校给教师送生日祝福，会送出满满的正能量。为何不让这正能量流动起来？"于是就有了教师为每一个学生送生日祝福，各班主任掌握好每一个学生的生日情况，有的班级创新性制作了生日树，在学生生日这一天，给家长发微信祝福学生生日快乐；组织学生们利用课间唱生日歌。于是就有了孩子为爸爸妈妈、为爷爷奶奶、为外公外婆送生日祝福，哪怕就是一张自绘的卡片，或者手写的几句话。这样就形成了学校送老师生日祝福、老师送学生生日祝福、学生送家长生日祝福，闭环状流动的生日祝福，流动的不仅是祝福，而是满满的正能量，是团队和谐、师生和谐、家校和谐的润滑剂！

📖 践谈

以情留人，以情感人，这是稳定教师团队的纽带。坚持情感留人，就是要把教师当同事，做朋友，从人格上尊重他们，在工作上信任、关心他们，使他们感受到自己是学校的主人；坚持情感留人，就是要与教师达成情感交流，让他们有说话的机会，有倾诉的渠道，让教师敢说话，说实话；坚持情感留人，就是要虚心听取教师的意见和建议，使他们意识到学校的重视和信任，意识到自己在集体中的地位。

成绩的背后都是加班的味道

师语

《你在为自己工作》一书中写道："每个人一生中都不能离开工作，工作不仅仅为你提供最基本的物质生存条件，同时还为你提供了一个展示自己的平台。把工作当成事业，在工作中实现自身的价值，这是一个人对自己、对社会负责的具体体现。"教师要把教育当作事业去做，就要付出自己的精力和心血，就会自觉加大对工作的力度和情感投入。唯有用心去做教育，投入感情去做教育，才能让自己成为优秀的人民教师，也才更加感受到教师职业的荣耀感和使命感。

青年教师吕云在一次分享会上说："来到圣城小学的第一次青年教师座谈会上，韩校长说过的两句话一直激励着我，成了我工作与成长的动力。一句是'让干啥就干啥，干啥就干好啥'，另一句是'每一项成绩的背后都是加班的味道'。"

我记起当时是为了让青年教师以空杯心态投入工作，我给他们讲了张曙光老师的故事。张曙光老师是一位经验丰富的体育教师，在数学教师缺岗情况下，主动兼任数学课；校车需要照管人员，他又主动担当；周末还与体育教师团队一起组织学生训练比赛。就是这样的"让干啥就干啥，干啥就干好啥"的信念，让他赢得了学生和家长的尊重。

有一段时间，网络上有句流行语——所有辉煌成绩的背后，闻起来都是加班的味道。是的，任何光鲜亮丽的荣誉背后，都浸透着浓浓的汗水和加班的味道。

在一次会议上，我把这句流行语做了一点修改，于是就有了"每一项成绩的背后都是加班的味道"。我也没想到，这句话会对青年教师起到这样的作用！

2019年全市教育工作会议上，圣城小学荣获教书育人先进单位、特色学校创建先进单位等六项奖牌，是全市小学受表彰获奖最多的学校。我深知每一块奖牌，都是所有教师的汗水汇集而成的。世上没有无缘无故的爱，也没有无缘无故的成功。所有偶然的背后，都是团队付出的必然。

"积土成山，积水成渊。九层之台，起于垒土。"学生午休室内，经常见到值班的教师坐在床上备课的场景；每天中午，许多教师放弃休息，批阅着学生作业；每天傍晚，有许多教师志愿参与延时服务；晚上八九点钟，还有许多科室的主任们在忙碌着。正是这群可爱的教师加班付出，正是一滴滴的汗水，换来一个个可喜的成绩。圣城小学的管理团队和教师团队，都值得点赞。

有一次，跟退休后的冯玉璋校长聊天，他看到学校青年教师的成长，特别开心地说："我印象中的郭会生，还是刚参加工作时害羞的小姑娘，文文弱弱，不善言谈，现在不仅做了中层干部，而且做会议主持也做得好，听说还是学科骨干，咱们学校的青年教师成长得真快！"

专业成长的背后是一次一次加班的结果。用心的教师晚上经常发现郭会生主任办公室的灯亮着。她周末、节假日经常性地默默加班，中午和晚上无私的加班更是不计其数。每次碰到她加班，总是说手头分内的工作还没有做好，有时见到她刚读一年级的女儿也在灯下，认真地看着书，总会让我内心涌动着感动。学校不仅有一个郭会生，而是有很多的"郭会生们"，李政、张海艳、宋瑜、杨海波、吕新英、潘秀美、王金英等等，她们家里有老人或孩子需要照顾，有家庭需要照看，但她们做到了以校为家，舍小家顾大家，把单位和工作当成自己的家来经营。

"欲戴王冠，必承其重。"2018年，学校的体育工作取得了让人意料不到的好成绩：阳光体育运动会上取得佳绩，五人制足球男、女队均获全市亚军，乒乓球队代表寿光到潍坊参赛并取得乙组团体第一名，篮球联赛闯入全市前八强并获第四名。也许有的教师认为是偶然，或是有几个身体素质特别好的学生。但我们心里非常清楚，所有偶然的背后都是必然，所有成绩都是一滴滴汗水汇聚而成的。每一项体育赛事中的佳绩都是体育教师团队的付出

第五篇 追寻完美的教师团队

换来的，都是体育教师加班的最好体现。

"一个学校的管理水平，不用看别的地方，只去看一下操场即可。"受此启发，圣城小学管理团队非常重视体育教学。大课间活动，几乎所有的校长都会与教师一起，参与活动或巡视校园；每天的体育课上，也总会去转一下；每天傍晚，我总是习惯性地到操场上转转，每每看到体育教师团队和孩子们认真刻苦地训练，我自己也感到浑身充满力量。

我希望团队中的每一位教师，都能领会"每一项成绩的背后都是加班的味道"的深刻内涵，愿这句话能影响到团队中的每一个人。

践 谈

我们常说一句话："人往高处走，水往低处流。"每个人都渴望成功，渴望攀登巅峰。然而，要想攀登高峰，首先要在地上学会走路，在平凡之路上一步步地磨炼，让"手臂"更有劲，让"腿部"更有力。这个过程会遇到曲折，遇到路障，遇到荆棘，也会受尽磨难、流汗流血，唯有以"坚持、坚定、坚韧"的精神，方能"一览众山小"。

一群可爱的老师

师语

　　习近平主席说："幸福都是奋斗出来的。"社会是由个体组成的，每个个体的改变，连接起来就是社会的改变。因此，天下未忧我先忧，他人未干我先干。实干是石，敲出星星之火；实干是火，点燃熄灭的灯；实干是灯，照亮夜行的路；实干是路，通往未知的梦想。真的就是这样，地上本来没有路，走的人多了，也就有了路。但前提是大家必须都要先走起来，披荆斩棘，遇山开道，遇水架桥。

　　连续在偏远乡镇支教三年的李文海主任和刘文礼老师对学校的变化有着深刻的体会。

　　李文海主任多次对我说："学校这三年多变化太大，学校的硬件设施先进了，教学楼靓了，校园整洁了，老师们的精气神足了，我回来后要更加用心工作，要不就跟不上学校发展的速度了。"

　　刘文礼老师兴奋地说："这三年时间没有在校，感觉校园文化变化真大，我看到每一处主题文化都是以学生的视角来设计，都是我们的学生们动手完成的，在这样的环境中，学生的身心一定是愉悦的，老师们的工作状态一定是幸福的。"

　　学校的点滴变化，是所有教师、学生和家长共同努力的结果。学校的点滴变化更离不开一群没有节假日的人，他们是一群爱岗敬业的人，他们在平凡的岗位上默默奉献，他们是感动圣城小学的人。

　　2015年9月，我刚到圣城小学任职时，看到了学校"很软"的硬件，看到

第五篇　追寻完美的教师团队

181

了学校"空白"的文化。要想在传承的基础上创新发展，要想把学校办成家门口的好学校，要想把学校打造成品牌学校，必须努力改善办学条件，必须用文化来引领师生成长。

学校管理团队凝心聚力，真正做到了心往一处想，劲往一处使，虽然管理团队分工不同，但人人自带"发动机"，目标一致向前。很快，我们管理团队就拟定好了原则与顺序，我们确定了做事的"三为两不为"原则，即一切为了成长学生，一切为了发展教师，一切为了成就学校，不为个人的名，不为个人的利。在"三为两不为"原则指导下，采取了首先解决安全隐患问题，然后改善学生的学习设施、教师的办公条件，最后改善管理团队的办公条件。在这个过程中，管理团队始终秉承"让学生站到学校中央"和"教师团队发展第一"的教育理念，我们是这样想的，也是这样向师生承诺的，更是这样去践行的，因此得到教师的热心支持。

一个篱笆三个桩，一个好汉三个帮。所有的改善工作，几乎都是在周末或节假日进行的。于是，学校里有了一群没有节假日的可爱的教师。

一、忘不了连续几个深夜的加班，只为零时间消除安全隐患，只想为师生们创设一个安全的环境

教学楼为环形开放式，四周的护栏为1.2米，符合建筑要求，但在较高的楼层，师生在走廊活动时总让人揪心，于是提升护栏高度、解决安全隐患成了第一项改造工程。消除安全隐患刻不容缓，为了不影响师生学习、工作，就选择了连续几个晚上的加班。我们定了一项制度——只要校园有改造项目施工，就有责任人守在现场。袁西钦和刘月祥两人轮流值守，几夜的坚守换来高质量的改造成果。"这么多年，在四楼上课时，我从没敢倚扶护栏望下看，总感觉很危险，现在好了，护栏加高了，心理的安全感强了。"李振勇老师说。

二、忘不了一天八个多小时的车程，只为节省有限的经费，只想为学生们更换最好的黑板

2015年冬天，为了改善学生的学习条件，把教室内粉尘飞扬、破损严重的毛玻璃黑板更换为绿板。为了节省资金，利用周末时间，袁学明校长带领后勤人员去临沂市场考察、定做绿板。每一块绿板都承载着他们的用心与汗

水。学生破旧的桌椅每个周末都有更新。连续几个星期的周一早上，当孩子们来到教室时，总会听到孩子们说"我们班换了新黑板了""我们都有了新的桌椅了。"

三、忘不了两个暑假几乎不休，只为学校变得更精致，只想为师生营造更舒适的学习场所

2016年暑假，学校教学楼重新进行粉刷，教室内的暖气片进行重组、维护，更新所有教师的办公桌椅，教室、办公室的内墙重新装饰、粉刷，破损严重的教室门全部更新。2017年暑假，学生餐厅、午休室全部更换为防火岩棉板，护栏岌岌可危的院墙重建，学校东侧活动场地及道路全部硬化，建了150米富有特色的读书长椅，教学楼中间破损严重的地面建成了"绿地"。所有的改造工程一项项规划、考察、招标、施工，都是袁学明校长带领袁西钦、刘月祥、杨海波、李兴春等教师来完成的。青岛市黄岛区第三实验小学郭建菊校长来校参观时说："你们学校建校三十多年了，学校面积不大，但处处都很精致，每一处文化、每一个细节都那么用心。"学校精致的背后，是教师的辛苦汗水，是教师不计任何报酬，没有任何加班费用，无怨无悔地做出来的。

四、忘不了多少个日夜的思考、多少个节假日的不休，只为学校的文化更有内涵、更有品位，只想创设"让学生站在学校中央"的校园文化

2016年初，为了改变学校校园"空白"的现状，做到用文化来引领师生共同成长，我们管理团队拟定设计特色校园文化。我们咨询了北京师范大学一个文化设计团队，光规划设计费用就高达二十多万。我们当机立断，全部由我们自己来规划设计。李政校长、王建军主任全面负责，体现"让学生在站在学校中央"的文化设计开始了。校徽、校训、校风、核心理念等精神文化全部由教师、学生、家长参与研讨，广场、教学楼的命名全部面向全体师生征集。我们以学生的视角，以学生的书法、绘画作品设计成了五大主题校园文化，分别是圣贤少年、践行价值观、红心向党、孝德先行、落地生根。将中华优秀传统文化、红色革命文化和社会主义先进文化相结合，师生每日浸润其中，受到潜移默化的教育。"圣城小学的孩子们身上特别有圣贤味

儿。"寿光市关工委主任王茂兴在很多场合高度评价我们的孩子们。学校特色文化的背后，是教师智慧的结晶，是牺牲无数个周末和节假日换来的。

五、忘不了志愿者们的无私付出，只为全国文明城市出力，只想把学校办成省级文明校园

2017年暑假，我在浙江大学参加校长能力提升班。当时正值寿光市创建全国文明城市的关键时期，学校党支部与家委会协作，由李政校长、邵学刚主任组建了"创城志愿者团队"。整个暑假，由学校党员先锋、教师、家长、学生们组织的志愿者团队每天都活跃在学校周边。公园内进行文明城市创建公益宣传，十字路口强化交通规则，小区内清理小广告，街道上捡拾垃圾。全国文明城市的名片上有志愿者们的付出，全省第一届文明校园的奖牌上有志愿者们的汗水。

"哪有什么岁月静好，而是有人替我们负重前行。"学校一天天的变化，学校一项项的成绩，不是想出来的，不是喊出来的，而是一件事接着一件事干出来，是所有师生一起努力拼出来的。我期盼我们的教师、学生在舒适的环境中工作和学习时，不要忘记那些为了学校发展而放弃节假日的一群可爱的教师。

📖 **践 谈**

美国诗人谢尔·希尔弗斯坦的小诗《总得有人去擦星星》：总得有人去擦星星，它们看起来灰蒙蒙。总得有人去擦星星，因为那些八哥、海鸥和老鹰都抱怨星星又旧又生锈，想要个新的我们没有。所以还是带上水桶和抹布，总得有人去擦星星。教育同样如此，唯有更多的教师，都愿意做擦星星的人，带上水桶和抹布，我们的教育才有一点微光，而这一点微光就是希望。

可敬的二宝妈们

师语

　　现代社会中，有一条很著名的"一万小时定律"，即要成为某个领域的专家，需要一万个小时，按比例计算就是：如果每天工作八个小时，一周工作五天，那么成为一个领域的专家至少需要五年。而所谓的"一万小时定律"的精髓，仍然是勤奋。勤奋是人最宝贵的品格，上天会按照每个人付出的勤奋，给予相应的酬劳。多一分耕耘，多一分收获，只要你付出了足够的努力，将来也一定会得到相应的收获。

　　一次听评课的间隙，与寿光市教科研中心赵金慧老师聊天，她谈起张海艳副校长并给予了很高评价。"我很佩服海艳，她一心为学校，用心工作，特别扎实。最让我感动的是生育二宝后，产假还没有结束就提前上班，教学视导时还进行了全方位展示，我们没想到她来做汇报，并且汇报展示得特别好！"

　　张海艳是学校分管教学工作的副校长。2017年上半年，为了推进学本课堂教学改革，为了做好青年教师基本功大赛的训练，她不顾家人和同事的劝说，一直坚持工作到生二宝的前一天。产假期间她不忘学校工作，认真分析原来的全息课程体系，大胆进行修改和完善，从横向上梳理出道德与修养、语言与人文、科学与技术、体育与健康、艺术与审美五大领域，每一领域分别进行基础课程、拓展课程、活动课程、实践课程的建构，聚焦学生道德素养、人文素养、科学素养、健康素养以及艺术素养的提升。从纵向上梳理出与学校育人目标相对应的德课程、学课程和行课程。把学校的全息课程框架

第五篇　追寻完美的教师团队

进行了提升，从理念到实践都进行了认真的思考与规划。

2017年11月初，离产假结束还有三周多的时间，张海艳校长在家里坐不住了，提前三周来到学校上班，用心梳理一年来的教学工作。过后，我曾问她："是什么动力让你一直坚持这样的工作状态？"她说："既然在这个工作岗位，就要对得起这个岗位，就要对学校负责，对学生和老师们负责；自己多做点没什么，工作累不着人，累并快乐着；自己总是担心做不好工作，愧对自己的内心，愧对教育局和学校的厚望。"

她是圣城小学可敬的二宝妈们的一个典型代表，学校还有很多这样一心扑在工作上、舍小家顾大家的二宝妈们。

2016年，国家推行二孩政策，也正值山东省中小学破解大班额的关键时期，教师严重缺编，学校遇到了发展瓶颈。经过管理团队研究，我们积极响应国家政策，为二宝妈们提供尽可能的帮助，同时49个教学班级破解成56个教学班，全部实现了小班化，这是学校发展史上一个里程碑式的时间节点。为了更好地为学生提供优质的教育，我们聘用了部分合同制教师，同时加大了青年教师的培训力度。两年多时间，当我们回过头来看走过的路时，发现学校不仅顺利渡过了瓶颈期，各项工作水平也持续提升，更可喜的是激发了二宝妈们的工作热情。

2018年3月，潍坊市教育局推出校长治校育人能力提升工程，我校被选入校长后备人才的王莉主任在产假中看到相关通知，不顾家人的劝阻，提前到岗上班，到校后由她负责收集相关材料，安排相关的读书学习工作，治校育人提升工程开展得很顺利。这时，学校正值语言文字规范化学校的验收，她又承担起了语言文字工作。两个多月的时间内，她用心制作一份份文件，静心梳理一份份材料，潜心修改每一处文字或标点符号。没有请别的同事帮忙，自己闷头苦干，有时废寝忘食，家里几次电话督促才离校。在当年的语言文字规范化学校验收工作中，她的工作得到教育局相关科室的高度评价。

王晓明主任因学校工作需要，自己主动提前结束假期到岗上班。2018—2019学年上学期，她担任六年级级部主任，用自己的热情和闯劲带起了一个和谐上进的团队。每天早上她总是早早到校，深入每个班级巡视学生到校情况，合理安排晨诵活动。六年级教师团队的正能量强、干劲十足，六年级学生的学风浓、习惯好。这一切都是因为她践行了"用身影指挥，而不用声音指挥"。她与教师团队一起进行班级教导会，有针对性地进行个性化辅导，潜能生进步幅度大；她与教师团队一起用心做好延时服务，一次次耐心沟通，一句句温馨提示，换来了近300个学生参与田径、篮球、足球、素养提升等延时服务项目；她与英语教师团队认真研究，个性化英语习作在全市研讨会上进行推介。

李云銮老师是综合实践活动学科省优质课一等奖的获得者，业务能力和管理能力突出，班级的精细化管理水平成为学校的样板。因工作需要，生育二宝后提前回到工作岗位，成了二年级新教师的"大师傅"，成了二年级管理的"大顾问"，成了综合实践活动团队的"大组长"。她经常说："只要对团队发展有利的，只要学校需要，就全力以赴做到极致。"

学校还有一大批二宝妈们，她们身上有"大局意识"，以校为家，舍小家顾大家；她们身上有"领先精神"，以生为本，勇探索敢创新；她们身上有"扎实作风"，爱岗敬业，务求育人实效。

学校正是有了这些可敬的二宝妈们，不仅没有因为二孩政策的推行影响学校的正常工作，反而涌现了许多让人感动的人和事，成为激励教师团队奋力拼搏的动力源泉。

📖 践 谈

宝剑锋从磨砺出，梅花香自苦寒来。拼搏让我们的人生充满激情，勤奋让我们的人生更有意义。海水每一次的冲击，都被礁石无情地击碎，但它没有气馁。蚕蛹只有经历黑夜的挣扎，才能有变成美丽的蝴蝶的一天。一分耕耘，一分收获，不奋斗，不努力，即使是肥沃的土地也长不出庄稼。

团队研讨迸发集体智慧

师语

　　"只要掌握群体智慧，我们就能够从复杂性泥潭中挣脱出来，发现复杂中的简单之美。只要掌握群体智慧，'乌合之众'就可以变成'完美的群体'。"《完美的群体》一书阐述了在共享时代，个人英雄已经没有市场，完全的依靠单干、依靠个人的能力，很难立足成功。特别是在团队作用日益变强的当下，能够最大化的发挥集体的智慧，才能凝聚最强大的力量，也才能在发展之路上一往无前。

　　在"没有完美的个人，却有完美的团队"的教学团队发展核心理念引领下，我们把办公室改成了团队研究室，实施了团队捆绑式评价，有了团队表彰，也就有了多样化的团队研讨。

　　"一个篱笆三个桩，一个好汉三个帮。"每周一早上，我们管理团队召开简短高效的碰头会成了习惯，我们自己戏称为学校的"诸葛亮会"。每一位校务会成员就分管的工作，结合自己的深思熟虑，就某项工作拿出方案或建议，大家达成共识，形成决策，实现学校的事情大家说了算。现在，每一位成员都形成了良好的议事习惯，那就是给团队出"选择题"，不出"问答题"，并且选择题的"选项"都是经过认真思考的，这样在做决策时就省时高效。管理团队的研讨不仅凝聚了团队智慧，而且给其他教师团队做了表率，管理团队的能量辐射到每一个团队。

　　教研之初，我在调研中发现，教学研究只有布置没有落实，只有形式没有实效。很多教师反映，没法调课，又没有实效，因此集体教研没有落到实处。为了真正发挥团队教研的优势，凝聚团队的智慧。从2016年开始，我们在课程安排上做足了文章，每周为每个学科的教师挤出了两节连排的教研时间，于是就有了学科团队集体大教研：周一上午三四节为综合学科，周二下午为语文学科，周三下午为数学学科，周四下午为英语学科，周五上午一二节为音体美学科，教师们再无调课或其他任务的干扰。

2017年，负责课程发展中心的宋瑜和潘秀美两位主任，梳理我们的教研模式，提出了"两线一面立体式教研"模式，得到寿光市教科研中心的高度评价。为了丰富团队教研内容，真正发挥教研的引领作用，我们分别邀请教科研中心各学科的教研员入校手把手地指导，邀请市内外友好学校的骨干教师现场示范，组织各学科教师进行分享交流，进行课后研讨，教研活动丰富多彩。

"能用众力，则无敌于天下；能用众智，则无畏于圣人。"正是因为这样务实的团队学科大教研，才成就了学校一大批成家的教师。四年来，先后有24位教师89人次以名师或专家的身份，被邀请到江苏、河南、安徽等地的学校做新课堂的讲座或培训。正是因为这样手把手地学科大教研，才有了青年教师成长的"春色满园"，2018年，我校有10位青年教师参与寿光市教学能手评选，全部以优异成绩被评为教学能手，实现了100%的佳绩。

学校不仅有团队大教研，更有各式各样的团队研讨。"我们群学了一下，认为这样做更好……""我们两人对学了一下，拿了这样的方案……"我经常听到张海艳、宋瑜等负责业务科室分管领导这样汇报工作。我非常欣喜，不仅因为她们创新性把课堂流程的术语恰当运用到工作中，更因为她们与自己的小团队完全融入，所有的工作都在"协调中完成"。"对学、群学"不仅能碰撞出管理智慧，更能培育团队的工作热情与感情。

一、团队研讨凝聚团队智慧

我们学校的团队研讨由形式发展到内容，由粗放发展到精细，由浅显发展到深入，由工作延伸到感情。寿光市教育局很多科室的领导都评价说"圣城小学有一个非常好的管理团队，教师团队也非常棒。"我觉得是团队研讨转变了我们的思维方式，团队研讨形成了我们的执行方式，学校的事情不是校长一人拍脑袋，而是集体决策，集体执行，有工作的分工，但更多的是合作。

二、团队研讨涌现个性团队

2019年全市小学教学工作会议上，寿光市科学教研室范则超主任表扬了圣城小学的科学团队。由郭会生、王志伟、李景阳、张海军、黄靖等科学骨干教师组建的科学团队，经常研讨到深夜，周末时间也经常聚在办公室研讨，没有人给他们安排，全部是自动自发，也经常见到范则超主任来团队指导。正是因为他们的用心付出，科学团队才能成为典范团队。

三、团队研讨成就个人风格

孙文正主任个人的理论素养、课堂展示近几年得到很大提升，慢慢形成了自己的风格，他几次代表潍坊市参加山东省的赛课活动，省教研员徐鸿云老师给予了高度评价。王晓明主任在全市小学英语研讨会上展示特色英语习作，很多学校的教师一再请教。基于学本课堂模式下，有王银兰等十几位教师申报了自己的个性化课堂。这些教师的个性化课堂或成果，都是在团队研讨的智慧下生发出来的，是团队研讨成就了个人风格。

个人融入团队才会更好发展，团队是智慧产生的源头活水。期盼我们的团队在研讨中产生更多的智慧，涌现更多的个性化教师。

🔖 践 谈

"同心山成玉，协力土变金。"在当代社会，任何人要想获得大的成功，一定要依靠团队的力量。个人的能力再强，也是有限的，而团队的能力却是无限的。团队协作是一切事业成功的基础，是立于不败之地的重要保证。个人和集体只有依靠团队的力量才能把个人的愿望和团队的目标结合起来，超越个体的局限，发挥集体协作作用，产生1+1>2的效果。

暖心志愿在行动

师语

　　习近平总书记指出："中华传统美德是中华文化的精髓，蕴含着丰富的思想道德资源。"助人为乐是一种美德，是人格升华的标志，是不因善小而不为的一种崇高精神！有时，在生活中，付出和快乐好像是一对孪生姐妹，有了付出，自然就有了快乐。一个能为别人付出的人，一个勇于担当的人，会因自己的行为而感到自豪，它也是一种快乐和幸福。

　　几年前，我跟随教育部课程教材发展中心的莫景祺处长，在深圳市潜龙学校进行了为期一周的评估认证工作，正值学校举办"春天音乐会"，从嘉宾进校到会场组织，从道具上下场到活动秩序维持，都由100多个身着红马甲的家长义工负责，教师、学生是演员与观众，其他的事情都由红马甲们负责。听蔡曼校长介绍，这是潜龙学校的常态，也是深圳市每一学校的常态，家长们以来校做义工为荣。深圳的志愿者精神让我们深感暖心。

　　暖心志愿活动既是"助人"，亦是"自助"，既是"乐人"，同时也"乐己"。暖心志愿活动既是在帮助他人、服务社会，同时也是在传递爱心和传播文明。后来，我也参与了一个公益组织的一些活动，深切感受到志愿者在助人的同时，自身也深感快乐幸福。

　　2016年9月，我们学校开办公益圣贤学堂，每周的周三晚上，面向学生、教师、家长和社区人士公益开放，由王金英老师负责，她做起了弘扬中华优秀传统文化的志愿者，并带起了一批青年教师志愿者。56期圣贤学堂，8500多人次的国学经典诵读；寿光市关工委王茂兴主任先后9次来校给孩子、家长

第五篇　追寻完美的教师团队

或教师讲课，在很多场合对学校的圣贤教育给予高度评价；国家安全部原副部长高以忱来到圣贤学堂，观看了孩子们的经典诵读后给予称赞；先后有8位专家来校做公益讲课；李政校长、王金英主任先后在市内外多个研讨会分享交流圣贤教育的开展情况；学校获得了全国优秀传统文化教育基地学校，山东省首届文明校园。这一切，都与学校教师的暖心志愿行动分不开。

2018年3月起，我们学校的党员参加了市里组织的"文明交通志愿岗"活动，"承包"了圣城街与渤海路十字路口的"文明交通"志愿服务，每天上下班时间，党员们轮流做起了"交警"，身着红马甲，头戴小红帽，手拿"文明出行"的小红旗，协助交警维护交通秩序，体验了交警同志的不易，对市民的文明出行起了很好的引导作用。不论大风、烈日还是暴雨，我们的党员志愿者一直坚守自己的岗位，那几个月时间，我们的党员志愿者成了十字路口的风景线。有一次正值周末，刘兴旭主任带着读小学的儿子一起在路口值勤，一高一矮两个红马甲站在一起，像模像样地"指挥交通"，以自己文明志愿行为影响着市民的文明行为。我现场"采访"，刘兴旭说："带儿子一起体验做交警的不易，能让他从小学会遵守交通规则，也懂得为他人、为社会付出。"儿子的脸上带着自信说："来做小交警，帮助别人的同时，我自己也很高兴！"

2018年3月18日下午，由天行健公益组织牵线，学校发动教师、学生、家长和社区人士志愿参加的"百城万人读中国"活动，在圣城小学的圣贤广场举行。这是由公益组织发起的全国性活动，全国120多个城市，16000多人，在同一个时刻，用"读中国"的声音同频共振，抒发爱国情感，强化国人的爱国情怀。后来我们才知道，在整个潍坊市，我们圣城小学是唯一一个现场。参与活动的志愿者有260多人，有学生、家长、教师，也有社区志愿者和公益组织的志愿者，自发组织在一起，参与了全国直播万人共同诵读《读中国》活动，所有志愿者个个激情澎湃，同声同赞新时代。

2018年7月14日，学校党支部组织，由党员先锋、教师志愿者、学生及家长志愿者组成了志愿者团，开始了为期一个多月的"创建全国文明城市、全民义工在行动"大型志愿者活动。此次暑期全民义工活动，每天都有一位党员带领教师、学生或家长组成的志愿者团队，在圣城小学片区内一起捡拾垃圾，向全体学生和家长发宣传书，倡议爱护公园，保护花草树木。还与仓圣公园管理处配合，成立暑假巡湖志愿队，每天一名党员志愿者与一名教师志愿者参与巡湖活动，到仓圣公园内捡拾果皮、包装盒、塑料袋等垃圾，还沿湖进行安全巡逻，提醒过往的小朋友注意自身文明，防止溺水和自我人身安全。

　　"老师、家长和孩子们一起参与志愿服务，体验社会实践活动，清扫片区内的环境卫生，拉近了学校和家长、孩子们的距离，共同教育孩子讲文明、讲责任、爱护环境，也为创城贡献一份自己的力量。"圣城小学党员教师杨永军说。参与志愿者活动的学生朱相泽表示："通过捡拾垃圾，让我体会到烈日下工作的艰辛，体会到父母工作的不容易，自己平时要养成讲究卫生的好习惯。"在活动中让大家切实感受到，创城是关系到每一个人的事情，城市的建设需要大家共同努力。不管是烈日酷暑，还是大雨滂沱，这支头戴"小红帽"，手拿红旗子的志愿者队伍，成了圣城小学附近一道靓丽的风景线。

　　2018年8月19日，因连日暴雨，寿光市发生了百年不遇的洪灾。面对灾情，暖心志愿者的行动感动了每一个圣城小学人。灾情发生后，学校教师就以公益组织的方式，发动教师捐献夏凉被，在第一时间送到受灾严重的广陵镇；党支部发动，全体党员带头，所有师生自发参与志愿捐款，以最短的时间把带着师生暖心的捐款送到受灾地；小学、幼儿园两个餐厅内，早上不到五点钟，教师就自发地挤满了餐厅，给来寿光救援的消防官兵包包子，每一个包子都包含着对消防官兵的感激，包含着对受灾地方的挂念。

　　有这样一个暖心的志愿者教师团队，带起了暖心的家长志愿者和学生志愿者。于是，有了校门口的家长志愿者，每天家长志愿者参与护学岗活动。学生参与"爱护家园、文明有我""保护环境、守护家园""做新时代的小雷锋"等活动，学生志愿服务活动也成了学校的常态。

　　一个人只要付出力所能及的力量，那么回报就不只是自己在付出过程中所得到的乐趣，受帮助的人也会感到快乐，这是对世间爱心的美好回报，这也是志愿者的切实感受。

　　暖心的教师志愿者用行动点亮希望，温暖人心，奉献爱心，服务他人，用实际行动践行社会主义核心价值观的内涵。通过暖心志愿行动，圣城小学浸润着传统文化的气息，师生坚定了实现中国梦的信念。

践谈

　　"赠人玫瑰，手留余香。"为别人点一盏灯，照亮别人，也照亮了自己。从细微处见精神，勿以善小而不为，拾起地上的垃圾，随手关掉教室的空调与灯，不剩饭剩菜，节约水电，不在公共区域吸烟……都是细枝末节的小事，然而折射出的是一个人、一所学校、一座城市的文明素质，只有一件件的小事都达到文明的标准，我们的生活才能更美好！

点亮的不仅是灯

师语

　　影响教师幸福指数的因素是多方面的，如收入水平、健康状况、家庭生活、学校制度、人际关系、文化生活、社会声望和评价体系等等。有关专家指出，提高教师的幸福指数，校长首先负有重要责任，需要对教师多一些人性化的管理，减轻教师负担，创造和谐环境，积极营造幸福的"潮文化"。除了人文关怀，还需要提高教师的物质待遇。只有精神和物质双管齐下，才能切实提高教师的幸福指数。

　　2018年12月的一天下午，寿光市纪委监察委巡察教育局，我接到通知参与谈话活动。推开谈话室的门，工作组的负责人站起来，笑着对我说："韩校长，我是董军，你不认识我，但是我认识你。这几年我一直在你们学校后面的家属楼上住着，你们学校冬天的供暖好，学校对家属楼特别关注，卫生保持得好，小区内晚上也明亮了，家属楼上的老教师们对学校的各项工作赞不绝口！"我还没来得及接话茬，他就一口气说了那么多，然后才开始正式的谈话。

　　我确实有点懵，以前不认识他，更不知道他就住在学校后面的家属楼上。回校后才了解到，他的母亲卜秀云老师曾在圣城小学任教，工作非常敬业，在教师中威信很高，口碑很好。退休后本该颐养天年，遗憾的是因病于2014年离世，教师都感到很惋惜。我是2015年9月来圣城小学任职的，所以没有任何印象。

　　静心回味董军书记说的那些寒暄的话，我的思绪回到刚来圣城小学时的情景。2015年10月初的一天，我在学校起草三年发展规划，一直忙到很晚，走出办公室才发现学校内漆黑一片，通向小区的路旁没有任何照明设施。第二天向办公室的人员问起此事，说一直就是这样，每年四次家长课程培训都在晚上，也是这样的情况，家长们也曾几次反映过，但总觉得学校是非寄宿制学校，晚上很少有人活动，就没有考虑晚上照明的事情，至于后面的家属楼周围的照明问题就更谈不上了，好像大家也都习惯了。

第二天，经校务委员会协商后，我们做了一份题为"学校是我家，发展靠大家"的征求意见书，分三部分内容：一是你觉得学校的特色和优势有哪些，我们坚持传承；二是你觉得学校需要改进的方面有哪些，我们调研改进；三是你期待学校在哪些方面有创新性发展，我们规划落实。

一份小小的征求意见书，在学校内宛如一湾平静的湖面掷入了一颗石子，产生了一圈圈的涟漪。特色与优势项目让我们看到教师团队的自信和传承，需改进的问题让我们感受到教师团队的忧患意识，发展的创新点让我们感受到教师团队的视校如家精神。

于是，我们紧锣密鼓地安装照明设施，疏通供暖管道，实施保洁物业化。很快，学校及家属楼周围晚上明亮起来了，多年没有解决的供暖管道阻塞问题解决了，学校及家属楼附近每天都整洁了。在后院遇到退休的李春英老师，她激动地说："韩校长，我们觉得亮的不仅是几盏灯，主要是我们的心亮了，我们感到心暖了，我们一定会全力支持学校的工作！"

这些可敬的退休教师是这样说的，更是这样做的。2017年暑假，正值寿光市创建全国文明城市的攻坚时期，教师家属楼上的老教师们也都积极行动起来。两天的时间，就把楼道内堆积多年的杂物全部清理掉，全市创城工作的片区负责人对我们竖起了大拇指，称赞道："你们学校的老师素质真高，大局意识强，你们学校的执行力值得其他的社区学习！"当我转到教师家属楼周围，看到郑老师放在楼前的所有花草和桌椅都搬到自家车库内，握着他的手，我说："郑老师，辛苦您了！"他动情地说："创建全国文明城市，人人有责，更何况学校对我们这些老同志这么尊重，我们没有理由不支持学校的工作，我们自己受点累，辛苦点没啥。你们放心吧，我们绝不会拖后腿的！"

学校在周围的社区形成了很强的正能量场，也与教师家属楼上的老教师有关。退休的三位老校长成了宣传学校的"广播站"和"直播厅"。他们身上满满的正能量，不仅让家属楼所有住户的心聚在一起，更让人感动的是逢人就夸学校的进步与发展。徐洪业校长为校史的撰写建言献策，几次为孩子们讲党史；冯玉璋校长成了"后院的大总管"，遇到教师子女结婚等大事，都是他牵头办理，他总是说"你们忙教学，我们多做些，能给你们挤出时间，把学校办得更好，学校发展好了，我们脸上都有光！"；每年的老干部座谈会上，刘秀芹校长代表全校的退休教师总是自豪地细数着学校的成绩与进步。

有时静心反思，我们也没有为"后院"做多少工作。仅仅在楼顶和甬路上安装了几盏灯；仅仅请一个专业的师傅找准了供暖管道的症结所在；仅仅安排保洁公司顺带帮忙清理一下"后院"；仅仅加强了校园安保力量，加强了校园监控的管理。我们感觉微不足道，而"后院"的老教师却非常"知足"，表示身暖了、心亮了。

只要站在他人的角度来思考问题，让他人感受到你对他的尊重，让他人在工作或生活中有价值感、幸福感，一点点小的举动也能打动人心。

🕮 践谈

教育是塑造人的事业，以学生为本，塑造他们美好的人生，是我们不懈的追求。可是，要知道，这一切都只能通过教师来完成，用幸福去塑造幸福，用美好才能塑造美好，"亲其师"才能"信其道"，任何关爱都必须经过人的传递才显得真切、动人，谁都没有办法改变这一点。几盏灯照亮了小区，也照亮了教师的心，将心比心，以心换心，让教师幸福，教师才会幸福地教书育人，退休老教师也愿意发挥他们的光和热！

趣味运动聚能量

师语

　　在竞争日趋激烈的今天，要干成一番事业需要团队合作，离开了团队合作，终将一事无成。干事业需要团队，但更需要伟大的团队精神。一个国家，一个民族，都需要这种精神。学校也不例外，团队精神是一所学校不可或缺的灵魂，这种灵魂可使整个团队具有极强的向心力、凝聚力和战斗力，可使这个团队无坚不摧。

　　有人说"一个好校长就是一所好学校"，但我始终认为"一个好的团队才能成就一所好的学校。"在2015年的一次班子会议上，我们就达成了共识：一个好的管理团队才能成就一所好的学校；明确提出了"没有完美的个人，却有完美的团队"的教师团队发展理念。

　　在教师团队建设方面，我们采取了一系列行之有效的举措，如进行团队捆绑式评价，把所有教师依据任教年级和岗位特点，划分成七个小团队，所有评价考核均指向团队，让所有教师深刻体会到"一荣俱荣、一损俱损"；每周分学科进行团队集体大教研，激发了团队教学研究的潜能；每月学校给教师过一次集体生日，让教师感受到团队的温暖；每年教师节的团队表彰，让每一位教师都有上台接受鲜花和掌声的机会。在强化教师团队建设，凝聚团队正能量方面，我们还做了一些看上去无足轻重，做起来却富有实效的活动。

一、车轮滚滚　团队向前

2019年春节刚过，学校工会提报了一份"庆祝三八妇女节趣味运动会"的方案。我觉得挺不错，让教师在忙碌的工作之余放松一下很有必要。方案中安排了抱球接力等团队项目，我提议再增加一个团队体验式活动，要求各团队创新性自制工具，参赛人数要尽量多。目的是想通过这样的趣味活动来凝聚团队正能量，也是一次团队集思广益，展示创新能力的一个平台。

后来，趣味运动上就有了"车轮滚滚"项目，各个团队用废旧的报纸、包装纸、横幅、窗帘，用胶带等黏合起来，制成了一个巨大的"车轮"，像坦克的履带一样。每个团队都有自己不同的创意，每个团队选派15位教师参与比赛，参赛教师站到"车轮"内，团队齐心协力推动车轮滚动，考验着团队的相互协作能力。团队其他成员充当啦啦队员，一时间，操场上欢声笑语，加油声、呐喊声此起彼伏。

按照比赛规则，每个团队推动车轮前进50米，没有违反规则，且用时最短的团队获胜。这场比赛考验着团队的协作能力，也考验着团队赛前的创新装备。有的团队用报纸制作的车轮比较轻薄、易碎，就小心翼翼地向前滚动，用时自然要长些。第三个上场的团队是六年级团队，我发现该团队的"车轮"是用废旧的窗帘制作而成，每隔半米就加装了一条细竹竿，这样的设计，既结实又好用，滚动的速度也快。

后面没有上场的团队代表跑过来，跟六年级团队商量，想弃用自己团队制作的"车轮"，借用六年级的"窗帘车轮"。我在想，六年级团队会借给他们吗？比赛规则许可吗？裁判能通过吗？

最终的结果是后面的三个团队均用了这个"窗帘车轮"参加了比赛，所有团队都为六年级团队喝彩，没有争议，看上去那样和谐。事后，我问了六年级王晓明主任，她说："我们学校就是一个大团队，这样的趣味运动就是大家一起乐哈一下，友谊第一，成绩其次，所以我们团队的老师都同意把我们的车轮借给别的团队用。"负责该项目的裁判幽默地说："竞赛方案说动手制作工具，但没有说不准借用，活动就是为了让老师们更加团结嘛！"

说实话，这是我们最希望看到的，我们看到了团队的大格局，看到了团队的大局意识，看到了团队中老师们在一起共事的幸福与融洽，这不正是我们团队需要的吗？

第五篇　追寻完美的教师团队

二、方寸立足　皆有可能

2018年暑假，我们组织教师进行了5天的封闭式培训。制定培训方案之前，我们管理团队意识到团队执行力是推动学校发展的关键所在。因此，培训的第一天，我们做了一系列团队建设的体验式活动，其中一项活动是"方寸立足"。

"方寸立足"是让每个团队至少推选10个人，一起抱成团站在一张报纸上，刚开始，每个团队都轻松完成。当报纸对折一次后，很多人都认为不可能完成。但是为了团队，他们拼了，有的团队抱得更紧，有的团队中间站上人作为立柱，胳膊互相挽在一起，大多数团队都完成了任务，虽然红着脸，流着汗，累得喘着粗气，但都像孩子们一样开心地乐着。当报纸再对折一次，几乎所有的人都说"不可能，不可能……"每个团队用了较长时间的研讨、演示，在10只脚都放在下的报纸上，各团队竟然想出了办法，有的团队做成了六月莲花状（中间两个人做立柱，其余八个人对角手拉手，只把前脚尖放到报纸上，然后做出开花状），顺利完成任务。有的团队采取了人叠人的方式，也完成了任务。

活动的第二阶段是团队代表分享体会。"我们都认为不可能的事情，在团队努力下竟然把不可能变成了可能，这太不可思议了，还是团队的力量强大。""踩报纸，直到人抱人、人叠人，让我们体验了团队中的合作精神、牺牲精神和创新精神，增强了我们的团队凝聚力和向心力。"教师激动地分享着，我知道我们的团队建设体验式活动有成效了。

三、齐心协力　无所不成

学校负责宣传的教师定时传给我一些学校活动的照片，有一张照片我特别喜欢，经常从电脑中调出来看看，看着看着，就会想到团队发展的点点滴滴。

我特别喜欢的这张照片，拍摄于2017年3月，学校为庆祝三八妇女节进行了团队活动，分团队进行拔河比赛。照片中李政校长、张海艳校长与行政后勤团队的成员齐心协力、奋力拼搏，旁边的袁学明校长在用力加油助威。很遗憾的是，比赛的那天我正在局里开会，没在现场体验，事后我跟袁学明校长开玩笑说："这么大的事，你咋不上场，你光喊不使力气！"他解释说：

"我想上来着，可一个男的要顶两个女的，她们觉得我力气顶不了两个女的，我就没捞着上场，哈哈。"

我特别喜欢这张照片，是因为看到团队一起拼搏，大家心往一处想，劲往一处使；是因为我们管理团队"用身影指挥而不是用声音指挥"，以身作则，率先垂范，要求教师做到的管理团队首先做到；是因为看到照片，就想起我们管理团队把支部建在课堂里，每天深入课堂与教师一起研究，学本课堂的成效凝聚着每一个人的汗水；是因为我们特别珍惜在一起的缘分，我们抱团成长，互相激励，这样的团队是无所不成的。

我喜欢这张照片，更重要的是因为我喜欢在这个团队中的感觉。

践 谈

一个团队，能够合作，共同进取，才有战斗力。一支师德高尚、业务精湛、结构合理、充满活力的教师团队才是学校发展的核心力量。只有激活团队中每一个人的潜能，凝聚团队的集体智慧与力量，才能更好地发挥团队效应。因而在课程改革全面推进、教育竞争日趋激烈的今天，我们不能只关注教师个体的成长，而更应关注教师团队精神的培养和团队力量的凝聚。我们坚信，教师的团队建设必将为优秀教师的脱颖而出提供肥沃的土壤。当一批批年轻教师茁壮成长，成为学校教育教学的骨干力量时，学校也将在团队的成长中一起发展！

第六篇
家校故事背后的思考

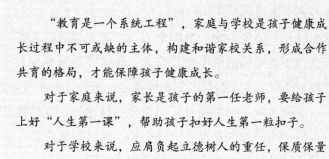

"教育是一个系统工程"，家庭与学校是孩子健康成长过程中不可或缺的主体，构建和谐家校关系，形成合作共育的格局，才能保障孩子健康成长。

对于家庭来说，家长是孩子的第一任老师，要给孩子上好"人生第一课"，帮助孩子扣好人生第一粒扣子。

对于学校来说，应肩负起立德树人的重任，保质保量完成好国家规定的教育教学任务，从而培养德智体美劳全面发展的社会主义建设者和接班人。

童眼看城建，生活皆教育

师语

　　著名教育家陶行知认为："全部的课程包括全部的生活，一切课程都是生活，一切生活都是课程。"学生与生活密不可分，生活中蕴含着取之不尽的教育资源，可以说学生的学习是随时随地发生着的，只要我们教育者细心发现，用心引导，认真对待生活中的每一个细节，就会发现这些细节对于学生的成长作用是不容忽视的。

　　2016年10月10日，潍坊市小学课程整合暨教学管理基本规范校长培训会议在寿光市圣城小学成功举办，在座无虚席的圣贤学堂内，来自全市100多所小学的校长们齐聚一堂，观摩全市小学课程整合的成果。大家的目光一起聚焦到这位正在展示的学生家长身上，她成了展示现场的亮点与焦点——她就是我校三年级学生李昶伟的妈妈侯晓艳，是寿光市住建局的一名职工。

　　"我向大家展示的项目是'童眼看城建'，我与孩子们用了半年多的时间，先后到市规划展览馆、仓圣公园、垃圾处理中心、水务集团、城建处等地观察、体验、研究与学习，孩子们在实践中学习，在活动中提升，收获了很多……"

　　在上午的活动中，潍坊市教科院李庆华院长、孙俊勇科长及小学科的教研员们全程观摩了所有班级的课堂与课程展示，在圣贤学堂观摩了学生综合素养展示和学校课程整合的团队汇报展示。会议休息间隙，李庆华院长对我说："今天上午是你们圣城小学的专场展示，我们全方位了解了你们学校的学本课堂和全息课程的成效，学生们展示得很精彩。你与李政副校长、张玉芝老师分别从学校、德育、班级三个层面展示的课程整合成果也不错，但是最出彩的还是那位家长，让所有与会的校长开了眼界，以前校长们对家长参与课程持观望和怀疑态度，这次有了成功的案例！"

课程整合研讨会一结束，我立即给侯晓艳女士打电话表示感谢，并把李庆华院长的评价告知她，她却谦虚地说："感谢学校给我和孩子们提供了深入活动、研究的机会，还要感谢学校给了我一个展示的机会！"

与她通话的同时，我的思绪回到了半年前的一个上午。班主任陪着她来到我办公室，几句简单介绍后，她就说："我想利用几个周末时间，与我儿子所在班级的孩子们一起做几个活动，不知道可行不？""很好呀，我们学校很愿意有特长的家长朋友参与到课程和课堂中来，但我很想知道你计划做什么活动，为什么会有这样的想法呢？"我问到。

"我的这个想法，缘起于我家孩子李昶伟对我的不理解。上个周末，我们局里任务多需要加班，我儿子很不理解，还跟我发了一大通牢骚，说妈妈你到底整天忙什么呀，你们城建处到底是做什么的呀？"侯晓艳女士打开了话匣子，"孩子的不理解，引起了我的深思，我们住建局承担着一个城市发展的很多职能，我们自己家的孩子都不理解我们，都不知道我们做什么，更不用说市民们了。"

"我们有很多资源，可以带孩子们去现场参观、体验，我们还可以与寿光日报合作，把孩子们参观、体验、研究的成果写成文章，发表在寿光日报上，一方面提高孩子们的写作水平，提高研究的积极性，另一方面可以通过孩子的眼睛和笔，让更多的市民来全方位了解我们的城建。"

"你的建议很好，学校全力支持你和孩子们，有什么需要我们配合的事情，就跟班主任沟通或者直接给我打电话。"我用最简洁的话语，把热心的家长推成了活动的主角。

接下来的半年时间内，侯晓艳女士在班主任和几位家长志愿者的协助下，带领孩子们围绕"童眼看城建"组织了系列活动，几乎每一个周末，公园里、弥河边、展览馆、污水处理厂、垃圾清理中心、环卫处、园林处、水务集团、城建处等地方都留下了孩子们体验的足迹，留下了孩子们一串串好奇的问题，留下了孩子们一路的欢声笑语。

我们整天生活在公园边上，却不知道公园内的多个角落有小水洼，更不知道这样的设计是为了建设"海绵城市"，是为了让周围的空气更湿润……

在环卫处，体验了做环卫工人的辛苦，我想到的是每一个人都要养成不乱扔垃圾的习惯，我们都做好了，环卫处的爷爷奶奶们就不会太累……

今天，我们在寿光市展览馆内，一览无余地看到我们寿光的全景，我很激动，也很骄傲……

我采访了一位正在弥河公园修剪花木的爷爷，他教会我认识了紫荆花、玉兰、丁香等，我大致知道了这些花的习性、颜色和开花的时间……

翻阅着孩子们一页页记录和活动单，看着孩子们稚嫩的文字，我仿佛看到了：在每个周末，孩子们开心的笑脸，好奇的眼神，叽叽喳喳地簇拥着家长志愿者活跃在各个地方的场景。

"带领孩子们走进自然，走近社会，深入社会的行业或部门中，我们也没有想到孩子们会这样兴趣盎然，他们不停地问这问那，有时让我们的工作人员都措手不及，呵呵！我感觉欣慰的是，孩子们开阔了眼界，我的儿子也理解我的工作了，有时周末没有时间陪他，他总是说妈妈你快去忙吧，我知道你的工作事情多了。"在学校门口遇到侯晓艳女士，她这样跟我交流着。

在全市小学教学工作会议上，我作为发言代表向与会校长们诠释着圣城小学的"全息课程"，传承于学校坚持多年开展的全息活动，我们管理团队进行了新的解读。"全息"本来是一个影像专用词，我们又进行了新的解读："全"就是完全、全面的意义，从纵向上来解析是指一个人生命的完整历程，从横向上来解析是指一个人德智体美劳的全面发展；"息"的本义是人或动物自由进出的气，我们用的寓意是像呼吸一样自由生长、自然成长。我们学校想构建的全息课程体系，实际上就是依据校情、师情和学情，构建起一整套适合学生全面发展、自由成长的课程体系，用整合的理念，通过学科内整合、跨学科整合和超学科整合的方式来全面实施课程改革。

寿光市教科研中心杨振华主任经过深思熟虑，又为我们的全息课程加入了全课程的理念，即"时时处处有课程，一事一物皆教育"。他还多次对我们的课程框架及课程实施提出改进方案，并推荐参加潍坊市中小学校长课程领导力建设培育项目和教育教学重大问题研究项目。

"'童眼看城建'这个课程项目，很好地体现了课程整合的理念，课内外结合、校内外结合、家校间结合、多个主题结合，是一个长线主题课程的典范；在展示中，那位家长基本上按照课程的目标、内容、实施、评价四个要素来展开，很专业！"潍坊市教科院孙俊勇科长评价说。

"小学校可以做大课程，小学校可以办大教育。"学校紧邻仓圣公园，周边有十几家特色培训机构，有非常多的有专业特长、热心的家长志愿者，只要我们用心去研究、规划，我们的学生一定会在课程中健康快乐成长。

📖 践 谈

据一份网上调查显示，现阶段80、90后的家长对素质教育的需求远远超过了对升学的需求，他们希望有更好的教育方式，而不是只有"唯分数""唯升学"的评价体系，希望孩子更全面地发展。所以说，最好的课程并不全在学校，而是在校外、在生活里，顺应孩子天性发展的生活教育才是教育的最终归宿。

您能替我保密吗

师语

　　苏霍姆林斯基在《给教师的一百条建议》讲道："让每一个学生在学校里抬起头来走路。"每一个人都有自尊心，特别是处于心理敏感期的学生，无论什么样的家庭条件，什么样的性格特点，自尊是每个人的心理需求，也是成长的心理保障。但是，成长的道路上总会遇到这样或那样的挫折磨难，一次打击就可能挫败一个人的自信与自尊。学校教育不仅是传授知识，更重要的是让每一个学生都阳光自信地幸福成长。

　　2017年正月十六，新学期开学的第一天，我早早来到学校，在走廊上迎面碰到四年级一班的王亚涵，她无精打采地低垂着头，看上去像是没有睡好的样子。

　　"亚涵，你妈妈身体好些了吧！"我随口一问。

　　"老师，我妈妈走了。我不想让老师和同学们知道，您能替我保密吗？"

　　我的心里咯噔一下。哎，这个可怜的孩子！命运对她为何这么不公，小小的年纪咋让她承受这么多家庭变故呢！这是我了解到的学校第一个实际意义上的孤儿。

　　"咱俩在校园里散散步吧。"望着满脸忧郁的她，我想安慰她一下。

　　交谈中，她出奇地冷静，神情和话语像是在叙述别人家的故事。从她的叙述中，我得知她妈妈是正月十一去世的，"蒸发"多年的爸爸终归还是没有回来。妈妈去世前满含眼泪，紧紧拉着她的手，却一句话也说不出来。

　　她的忧郁和冷静让我感到心疼，我只记得对她说了些别伤心、好好学习、有事告诉老师等苍白无力的话。

谈完后，她又不放心地回头跟我说："韩老师，请您一定替我保密！"我用力点了点头，她才转身离开。

亚涵这个孩子，我很熟悉。来到寿光市圣城小学的第一年，她就成了我关注的学生，她那不幸的家庭成了我的心事。我每年两次家访并送去微薄的心意，虽然帮不上什么，但是她的妈妈、外公外婆一直很感激。几乎每次去家访，我们都会带上几本适合她读的书。在校园内遇到她，她会很有礼貌地行礼问好，我也会随机询问几句她的学习和读书情况。

记得年前腊月二十一日，借寿光市教体局开展的"万名教师访万家"活动，我按惯例家访了关注的十几个特殊学生，这也是我第六次来到亚涵的家。坐在沙发上，看到亚涵妈妈简直像变了个人，身体消瘦得很厉害，我们面对面交谈，亚涵的外婆站在她妈妈的身后，朝我无力地摇了几次头，我心里就有了不好的预感。亚涵妈妈前两年患了癌症，一直在治疗中，让这个特殊的家庭雪上加霜，一家人仿佛生活在阴影中。

亚涵的外公年近70岁，身体还比较硬朗，为了这个家庭，仍在外面打工。从几次与他的聊天中，我们了解了这个不幸的家庭。几年前，亚涵的爸爸因高利贷欠款，决绝地与妈妈离婚，然后跑路"蒸发"，从此杳无音信。有些人盯着亚涵妈妈催账，家庭变得一无所有。没有办法，只好带着亚涵来到外公家居住。

这个小女孩冷静、忧郁的眼神在我眼前挥之不去。

怎样才能帮助这个不幸的家庭走出阴霾？怎样才能让她像其他学生那样阳光地面对一切？怎样才能不用替她保守这样的秘密呢？

我们要尽快想出办法。开学的第三天上午，我电话联系了她的外公，第七次走进了这个特殊的家庭。还深陷失女痛苦中的外婆，话未出口泪先流。当听我说出亚涵"您能替我保密吗？"的话时，倔强的亚涵外公忍着痛苦说："只要我老头子还能动，孩子的生活就没问题，可是对她的关爱就靠你们老师了。"那次家访，我们达成了协议：中午安排她在校免费就餐、午休（校务会已达成一致意见），外公减少一次接送，可以安心打工；给她安排"代理妈妈"，从心理上给予更多的关爱；针对她数学基础差的问题有针对性辅导；班主任做好家长和学生的工作，替她保守好秘密，安心渡过这个"脆弱期"。两位老人仿佛抓住了一根救命稻草，嘴里重复着"亚涵就全靠你们老师了",一直把我们送到小区门口外面。

依据国家相关政策,参照寿光市教育局对特殊学生关爱的有关规定,魏静老师和李玲老师先后成了她的"代理妈妈",由于"代理妈妈"和班级家委会的用心付出,营造了暖暖的氛围,她顺利地渡过了"脆弱期",脸上的忧郁慢慢褪去,渐渐有了笑容。

再后来,寿光市妇联了解到这个学生的情况,推荐在寿光市妇幼保健院宣传中心工作的朱翠华主任做了她的"代理妈妈"。在我办公室商定"代理妈妈"事宜时,朱翠华主任的一席话,让我认定她跟着这样的代理妈妈,我们会安心的。"我们两口子都是公职人员,家庭不富裕,我们可能给不了孩子很多的物质,但是我们会把她当自己的亲女儿,给她更多的爱,她身上缺少的父爱和母爱,我们会想办法补上,让她融入我们的家庭中……"

亚涵这几年的成长历程,初步印证了我的判断。几乎每个周末、节假日,她都会到朱妈妈家中过一天或一段时间,感到像在自己家里一样,成了朱妈妈家庭中的一员。2018年1月,在市里参加中华优秀传统文化传承与发展会议上,与朱翠华主任正好遇见,她说:"我很感激你和学校给了我这么个好女儿,我现在有儿子,也有女儿,真的好福气;儿子读大学不在身边,有这个小棉袄陪着,很暖心,日子过得很充实!"从交流中,我也体会到她的幸福,因为她付出了。

亚涵的外公存有我的联系方式,时不时给我打电话,孩子妈妈刚过世时,电话的内容除了感谢学校的话,就是担心她的心理和学习成绩。慢慢地电话的内容变成了"朱妈妈待她很好,每个周末都接去她家,孩子比原来活泼开朗了,我们没有别的期求,就是盼着她能更好地成长!"

2018年10月的一天,我正在学校办公室,突然接到亚涵外公电话,"韩校长,麻烦您跟保安师傅说一声,我需要到学校找您谈一件事情。"我以为有什么要紧的事情,就一边通知保安让他入校,一边往外面走迎着他。只见,亚涵的外婆拿着一面锦旗,外公吃力地搬着两大箱东西,后面跟着学校的保安队长。

"我老家侄子自己种的苹果,挺好吃的,我们没有别的,就想给你和老师们送几个苹果吃。我们老两口去制作了两面锦旗送给你和学校,我们也想不出什么办法感谢你们对我们一家子的付出。"近70岁的老人气喘吁吁地说着。"大爷,心意我们领了,这苹果我们真的不能收,这是学校的规定。"

我跟他解释着。

"我早跟他说了，咱学校老师不收家长的任何物品，你带进去还要再带出来，可他就是不听……"保安队长忙说着。后来，还是保安队长又把两大箱苹果搬到了校门外，放到了亚涵外公的三轮车上。

老两口送的锦旗，我们收下了，并请亚涵的三位老师拿着锦旗一起与两位老人合影。

今年正月初二下午，我正在写这个稿子，在"圣小6.2大家庭"的班级微信群里，我见到亚涵外公在群内发的祝福信息："祝大家庭里的所有老师、家长们、同学们新年快乐！"我没有去印证这个信息是亚涵发的，还是她外公发的，但我能感觉到在这个春节，笼罩在这个家庭的阴霾已渐渐散去，阳光正洒进来！（我们校务会成员按分工，每人加入一个年级的班级微信群内，我包靠六年级，六年级所有班级的微信群内我都能看到家长们发的信息，大部分时间我是"潜水"者，但见到家校沟通的融洽，心里就会特别高兴。）

美国著名作家海明威在《老人与海》中写道：生活总是让我们遍体鳞伤，但到后来，那些受伤的地方一定会变成我们最强壮的地方。我想，每个人的生活方式，都是自己用一个个选择题创造出来的。愿亚涵能自省、自律、自强，坦然面对生活给予的一切，由外表冷静、内心惶恐变为内心强大、外表从容，再也不用让别人替自己保守秘密。若干年后，将无所畏惧、开心幸福地学习与生活下去。

2019年除夕正值立春，"万物苏萌山水醒，农家岁首又谋耕"。冬天远去，春天的脚步近了，愿亚涵一家人不负新时代，不负好春光！

（为保护学生和家庭，文中的学生姓名为化名。）

📖 践 谈

患难困苦，是磨炼人格之最高学校。人在挫折中成长，在一次次失败中也逐渐明白，前面的路途将会更加的艰难，等着自己的将会是各种的困难与挫折，要想不被它们打倒，就只有打倒它们。以积极心态去对待人生：不管发生什么事，都请安静平和地接受人生，勇敢地、大胆地，而且永远地微笑着。

让人揪心的心愿

　　高尔基曾说："理想能给天下不幸者以欢乐。"教育就是点燃孩子心中梦想的火种。即使是贫困家庭的孩子也不应该妄自菲薄、过分自卑，也要有自己的梦想，虽然依然生活在看似残酷的现实社会中，但是心中梦想的火种一定不能熄灭。因为，有梦想就有希望。教育就是通过教师，点燃每一个孩子心中属于自己成长中的梦想，使每一个孩子的人生都有出彩的机会。

　　2015年底，为了更好地实施学校的"全息活动"，我让办公室主任随机邀请了20多个学生组织了一次座谈会，为了倾听学生真实的心声，座谈会上没有邀请教师参加。座谈会以聊聊"我的梦想和心愿"为话题，引导学生们畅所欲言。

　　我的用意在于让学生描述未来的自己，了解他们对兴趣特长的需求，引导学生谈一下希望学校从那些方面能更好地帮助到他（她）们，期待通过几次这样的随机座谈会，来丰富和完善学校课程体系，然后有针对性地规划设计，将"全息活动"慢慢升级为"全息课程"，充分发挥课程的育人功效，力争为每一个学生搭建好成长和展示的平台。

　　"我是轮滑社团的，我希望学校在运动会上组织班级轮滑比赛，我能代表班级参赛；我的梦想是做一名体育健将，将来能参加国家级的轮滑或滑冰比赛。"五年级的赵树童同学带了个好头。"我的梦想是成为一名记者，深入农村，反映农民的生活……""我希望学校多组织一些探究活动……""我希望社团老师多教给我们一些技巧……"学生们兴奋地说着，我一边不停地回应着每一个学生，一边在笔记本上飞快地记录着。

"韩老师，我能说两个希望吗？"四年级一个小女生怯怯地问。"当然可以的！"我立即回应。"我很希望能学钢琴，因为我同桌说她的钢琴都练到八级了，我还特别希望我的妹妹每周能吃上一顿肉。"我听得有点懵，在许多孩子都吃腻了肉的今天，这个孩子还特别希望吃肉，并且不是她自己，是希望自己的妹妹能吃上肉。我猜想这肯定是一个特殊的孩子，这个特殊女孩的背后一定有一个特殊的家庭。我怕追问下去，会让女孩不舒服，可能会触到她柔弱的内心，于是就说："好的，散会后你再跟韩老师详细说一下你的两个愿望，看看韩老师能不能帮到你。"

果然不出我所料，散会后从这个小女生的只言片语中，我了解了她妈妈一个人带着她和妹妹刚到城里不到半年，妈妈晚上出去打工，妹妹特别爱吃肉，可妈妈没钱买。

2015年放寒假后，我与办公室的刘月祥、财务室的杨海波一起看望了14个家庭贫困学生，其中就有赵旭阳、赵旭晨姐妹两人。除了学校的特困生补助，我们三人自掏腰包去超市买了肉、鸡、排骨等几大袋，当时心里只想着让这个爱吃肉的妹妹吃上肉。这次家访，深入地了解了家庭和孩子情况。据妈妈哭诉，姐妹两人的爸爸因为特别喜欢男孩，执意与她离婚了。

看到的景况让人禁不住落泪。一家三口跟别人合租一个两居室的单元房，房东在客室和餐厅留下的物件给她们帮了大忙，她们的卧室内只用简陋的物品搭了一个地铺。白天，妈妈需要四次接送两个女儿；晚上，妈妈让同租的姑娘帮忙照看，等两个女儿睡下后，再去寿光物流园包装蔬菜赚点钱。

从那次家访后，这14个家庭就成了我的心事。也是从那时起，我才得知在寿光城西南片区内，还有这么多特殊的外来务工和进城务工家庭，他们或病或贫导致的生活状况，远远超出了我的想象。当时心里升起一个念头：不论自己在圣城小学工作几年，一定全身心地投入工作，用我与教师团队的微薄之力，给学生提供最好的教育，把学校办成家门口的好学校，我们不要金杯银杯，只要周围社区居民的好口碑。

2016年开学后开的第一个党支部委员会，我们就围绕这个特殊的家庭进行了专题研讨，所有成员达成一致意见：给两姐妹提供免费的午餐和午休。从那时起，姐姐加入了学校的声乐社团，并参加每天放学后的跳绳训练，那个爱吃肉的妹妹成了绘画社团的一员，两姐妹中午在校就餐休息，妈妈中午不用接送她们，可以安心地全天打工，生活慢慢好起来。

2017年春节，寿光市教体局李凤祥书记来看望困难学生，我们陪他来到这个特殊的家庭。那时，她们母女三人已离开打地铺的出租房，在学校东侧的前三里村租了一间房，看上去不足20平方米的样子。据妈妈介绍，在原来的地方每月需500元的房租，现在每月只需300元，既省钱又离学校近。妈妈说了很多感恩学校和教师的话。见到眼前的情景，听到她的诉说，李凤祥书记眼圈红红的，临走时一再嘱咐我们要充分关注好这些特殊的进城务工人员的子女。

可能是孤身一人来到城区，没有亲朋好友，赵旭阳妈妈有解决不了的事情，就给我或学校办公室打电话咨询。从孩子的学业成绩、孩子的心理问题，到暂住证的办理，再到廉租房的签订条件等。学校办公室的刘月祥主任总是耐心倾听，第一时间帮忙联系。

后来我们欣喜地发现，在每天家长志愿者的护学岗活动中，旭阳妈妈的身影多了。每次见到她，我总是问："今天怎么没有去做工呀"，她几乎也是一成不变的回答："学校帮了我们娘仨，我无以回报，挤时间来做点义工，也不怎么影响我的工作，值完岗我就去上班，我跟其他同事都调好岗了。"

再后来，学校想以一名外来务工人员子弟在学校的成长故事为背景，录制一个校园短剧，我们给短剧起了一个名字叫《李想的舞台》，寓意是把学校打造成学生们成长的"理想"舞台。剧中妈妈的扮演者由谁来演？在定演员时，我们不约而同地想到了旭阳妈妈。跟她交流，她就说了一句话："学校帮了我们很多，让我怎么配合都行，我就怕演不好。"因为她自身的经历，加上她的刻苦，《李想的舞台》剧中妈妈的形象非常接地气，演得很成功。

现在，每天在校门口迎接师生入校的我，经常见到那个爱吃肉的妹妹，她总是面带笑容，阳光自信地走入校园。而帮她实现心愿的旭阳，爱上了练琴，更喜欢上了跳绳。每天傍晚，在操场上总能看到刻苦训练的她。2018年4月，在全市中小学阳光体育运动会上，她代表学校参加了跳绳比赛，并获得了全市第五名的好成绩，这是学校个人跳绳项目历史上最好的成绩。

有一次，在与她的语文老师交流时，语文老师给我看了旭阳写的一篇习作。习作篇幅内容不长，我却看了很长时间。习作中稚嫩的语句，全景式呈现着她的内心世界：

我在校的三年期间学到了不少，初来这座城市时，感觉一切都很陌生，觉得我们不属于这个城市。那时我很害怕，上课回答问题也是很害羞。自从学校开展了学本课堂之后，课堂上老师让我们人人发言、人人展示，我慢慢变得不再害羞了，对这个城市也不再陌生和害怕了。

韩校长和老师们对我那么好，我想到了很多，可我没法回报，只有刻苦训练跳绳，我才能为学校和老师争光。训练和比赛时，我心中只记着韩校长说的"为学校争光，相信你能行"的话。当体育老师说我取得学校个人跳绳最好的成绩时，我激动地掉下了眼泪……

看完旭阳的习作，有喜也有忧。喜的是这两个小姑娘慢慢找回自信，开心快乐地学习、生活。忧的是在学校周围社区还有多少我们还不知的特殊外来务工家庭，是不是每一个学生都无忧无虑地健康成长着。

"赠人玫瑰，手留余香"，帮助别人就是帮助自己。2018年8月，潍坊市举行中小学校长治校育人能力展示活动，我的答辩题目是"你们学校的理念是让学生站在学校中央，你们学校有近三千名学生，请问你叫上名字的学生有多少呢？"在寿光会场观看直播的校长们都为我捏了一把汗。没有丝毫思考的时间，我就答道："我特别熟知的有14个家庭，15个孩子，对这15个孩子，不光学业情况熟知，家长和家庭也很了解。我还教着两个班级的课，班内的孩子也基本上能叫上名字。"当主评委听完让人揪心的"心愿"的故事后，伸出大拇指说："当校长还教着两个班级课，还能关注到这么多贫困家庭和孩子，很了不起。"

寿光市圣城小学的原名为寿光县工业职工子弟学校，随着工厂、企业的退城入园，现在学校外来务工或进城务工的学生占到了65%，学校正慢慢由一所"职工子弟"学校转变为"打工子弟"学校。在大家一起追梦的新时代，有国家精准扶贫政策的推动，我期盼再也不要听到那样让人揪心的心愿。

（为保护学生和家庭，文中的学生姓名为化名。）

📖 践谈

我曾在网上看到过这样一段话："梦想从来不分大小，不论高低，没有贵贱，只要你下定了决心去执行。纵然前路狂风暴雨，别怕，因为全世界都会选择来帮助你。敢行动，梦想才生动！"对于孩子而言，他们的梦想可能没有那么远大，可能只是为了学习一门特长，也可能是让自己生活得更好，但这恰恰是学校教育应该关注的，因为只有教育才能改变一个人的命运，也才能让每一个人过上幸福的生活。

校门口的"红马甲"

师语

　　"没有家庭教育的学校教育和没有学校教育的家庭教育，都不可能完成培养人这样一个极其细微的任务。"这是著名教育家苏霍姆林斯基的名言。家庭教育和学校教育就像一个硬币的两面，对学生，尤其是还处在中小学阶段的学生来说，任何一方面的缺位都不可能培养出一个身心健康的学生，任何一方面的越俎代庖都不能实现教育的最大效能，两者应该在优势互补的基础上，相互配合，形成合力，方能实现教育的最大效益。

　　每天上学和放学时间，身着红色马甲的家长志愿者，成了校门口一道靓丽的风景线。

一、红马甲成了校园安全的守护者

　　由学校家长委员会统筹安排，每个班级轮流值勤，家长自愿参与，每天校门口就有了暖心的红马甲们。"明天，妈妈有时间也来做志愿者，看着你上学和放学怎么样？""那样太好了，妈妈你真棒！"在送学生上学的人流中，我听到一对母女的对话。红马甲成了家长们的标杆与榜样。因为红马甲们的付出，两千多人的校园放学时井然有序；因为红马甲们的提醒，流动摊点渐渐没有了踪影；因为红马甲们的配合，学校的安保工作更有保障。红马甲不仅是校门口的风景线，也成了校园安全的守护者。

二、红马甲成了家校矛盾的调和者

校服是一个学校的象征，校服彰显着一个学校的特色文化。2017年初，有几位班主任提出建议："为所有学生定制统一的、有学校特色、体现圣贤教育的校服。"校服的款式、材质、价格一直是所有学校最头痛的事情。"百人百视角，千人千看法"，如何才能让每一位家长都满意，如何才能让每一个学生都喜欢新的校服，这是一个十分棘手的问题。既然是为学生定制校服，那就把话语权和决定权交给学生与家长。于是，我们把这项工作交给了红马甲，学校只负责发招标公告。从校服的材质、颜色、款式，到价格、招标、发放、收款、支付等所有的环节，学校均没有参与。最让我们欣喜的是：2400多名学生，春、夏装两套，有的家长还为学生各订了两套，这么多的校服，竟然没有一个家长为校服的事情将不良的信息反馈到学校。在招标的现场，家长委员会的成员对参与招标的企业代表说："在圣城小学，给孩子们定制校服，就是我们家长说了算，我们就是选择孩子们喜欢的、舒适的校服……"校服定制是家校矛盾的一个焦点，本是一件棘手的难题，红马甲们成了调和者，所有的问题都迎刃而解。

三、红马甲成了精致服务的监督者

"羊羔虽美，众口难调。"餐厅是每一所学校管理的难点，一方面是食材安全，另一方面是饭菜质量。我们请红马甲们参与了学校的"亮厨工程"。在一次活动中，寿光市教体局体卫艺科张伟林科长全程参与，他由衷地说："你们让家长志愿者参与亮厨工程，既让家长们通过全程体验感到放心，也让学生吃得舒心。"值得庆幸的是，近几年来，在寿光民声网和校长邮箱中没有一条关于饭菜质量不好的反馈。红马甲们成了精致服务的监督者，不仅饭菜质量提升了，家长对学生生活满意了，而且提升了餐厅工作人员的操作标准。2017年底，寿光市教体局体卫艺科的潘乐朋科长逗趣地说："你们学校今年像中了奖一样，潍坊市来抽查两所学校食堂，有你们圣城小学；山东省有关部门来抽查一所学校食堂，还是你们圣城小学，学校科学规范的餐厅制度和流程做得很到位，也给我们争了脸！"

四、红马甲成了暖冬行动的搭桥者

2018年冬，寿光日报社与学校合作举办"暖冬行动"，为四川省大凉山的彝族孩子捐赠棉衣棉被，家长和学生热情高涨，捐赠的衣物堆满了偌大的舞蹈教室。如何尽快分类整理，并第一时间送至需要的彝族学生们手中，负责此事的李政校长又一次想到了红马甲们。让我们特别感动的是，有一位准妈妈挺着孕肚，协调着红马甲们紧张有序地进行分类整理，寿光日报社的工作人员对学校的家长志愿者给予了高度评价，盛赞她们是"暖冬行动的搭桥者，是彝族孩子冬日里的暖阳"。

五、红马甲成了圣贤教育的传播者

为了传承中华优秀传统文化，圣城小学自编了校本教材《经典浸润心灵》，组织学生晨诵、午写、晚分享，开办了面向社区的公益圣贤学堂，提供了"论语约读"的延时服务，在这些活动中也有红马甲们的身影。孙建云女士是学校的家委会主任，也是学校圣贤教育的传播者。四年如一日，每天早上，教室内都有她与学生一起诵读的身影，每天傍晚"论语约读"班都有她与学生一起诵读的声音。"在诵读经典的过程中，我与学生一起成长着，感谢学校为我和同学们提供的成长机会。"在圣贤学堂的一次分享会上，她动情地说着。

六、红马甲成了研学旅行的陪伴者

"今天，我们去了恐龙博物馆、暴龙馆，还去了超然台。这次研学活动让我受益匪浅，了解了大文豪苏东坡的很多事迹，看到了他的作品，还揭开了恐龙世界的许多奥秘，这次研学旅行真过瘾！"这是四年级刘子源同学在心得体会中的一段话。张海云主任非常用心，把这次研学活动中学生写的体会，结集成册，形成了《"探秘白垩纪，寻访苏东坡"研学心得》。

研学旅行让学生在实践中学习，在体验中成长，但是安全问题却成了悬在学校头上的利刃。"不能因噎废食，我们来当安全员，我们做学生研学旅行的陪伴者。"家长委员会达成了协议。于是，就有了农圣贾思勰像前"寻圣贤足迹做圣贤少年"，巨淀湖瞻仰抗日英雄纪念碑"播种红色种子"，三元朱村与乐义书记面对面"体验绿色革命"，登临超然台"百人齐诵，品味东坡情怀"，走近恐龙馆"探秘白垩纪"。

"读万卷书，行万里路，我们希望孩子们多一些走出课堂、体验社会的机会，用自己的感官亲身体验，去探索自然的奥秘，去遨游知识的海洋。"面对记者的采访，四年级的家委会主任说道。

七、红马甲成了文明创建的践行者

2017年暑假，正值寿光市创建全国文明城市的关键时期，学校党支部与家委会协作，组织了"文明创建志愿者在行动"活动。在我值勤的那一天，当我们的队伍行进到光明路一家商铺附近时，我听到商铺内一对小夫妻的对话，让我感受到了红马甲们作为文明创建践行者的作用。女的说："圣城小学的老师、学生和家长每天都过来打扫卫生，咱们有垃圾一定不能随地乱放了哈。"男的说："我有时间也去做志愿者吧，我觉得咱们也要做点什么！"

八、红马甲成了学校荣誉的颁奖者

2019年1月24日晚上，学校举行家校联谊会和家长课程培训。每次家校联谊会，我们都精心准备课件，利用校园广播进行同步直播，家长和班主任们反映效果极佳。我与李政校长正在准备讲稿，二年级的家委会主任杜华女士与几位家长来到我们办公室，给我们分别赠送了水晶奖牌，说是感谢学校对家委会工作的支持，感谢对孩子们的付出。我们感到很惭愧，我们应给红马甲们颁发奖牌，可红马甲却成了学校荣誉的颁奖者。她们送给我的奖牌上铭刻着"兢兢业业、循循善诱"。我把这个水晶奖牌与党员示范岗牌一并摆在办公桌的最显眼位置，用这八个字来时时警醒自己——要兢兢业业，全身心做好每一项工作；要循循善诱，真心关爱每一个学生。

📖 **践谈**

凝聚教育智慧，汇合创新动力，坚持改革发展，实现"立德树人"，促进学生全面发展，离不开学校教育和家庭教育聚集形成目标认同、行动协调、互促互补的教育合力，而建设优秀家长志愿者队伍则是整合家校教育合力的引擎和推力。家庭和学校要想实现真正的合力，任重而道远。这需要我们家庭、学校和社会不断努力、艰辛探索，在家庭和学校之间就教育问题上达成一种平衡、一种默契，只有这样，才真正有利于学生健康快乐地成长。

心与心沟通的桥梁

师语

　　苏霍姆林斯基在《家长教育学》中提出一个著名的论断："最完备的社会教育就是学校—家庭教育。"学校和家庭之间最好的连接途径就是用心交流沟通。心是一道桥，连接在家校之间，团结于教育之怀。教育的力量不止于学校，更多的来自家庭，将这股力量汇聚，让心与心之间，充满教育与人的温柔情怀。

　　"您是圣城小学的韩校长吧？"

　　早上，我刚乘坐上12路公交车，在我身旁的一位年轻妈妈跟我打着招呼。

　　"是的，您好！您是？"印象中我没有见过她。

　　"我家孩子在你们学校上学，叫蒋明峰。"

　　"是四年级五班的蒋明峰吗？是他题写的我们学校《心桥报》的报头，对吧？"

　　"对的。校长，您太厉害了，连孩子在几班都知道呀？"

　　说实话，蒋明峰这个孩子我不熟悉，没有跟他面对面聊过，但是每一期的《心桥报》我会认真翻阅几遍，校报的中缝注明了编委和报头的题写者及所在的班级。

　　我与蒋明峰妈妈聊了一路。她谈到孩子的学习情况、书法特长，说孩子自从题写的《心桥报》被选中，并出现在每一期的校报上，孩子变化很大，不仅更刻苦地练习书法了，更让人欣喜的是学业成绩不断提升，也比以前大方、自信了。蒋明峰妈妈对学校和教师一个劲地赞誉。

2015年底，学校计划出一份校报，想把活动的精彩瞬间、师生的灵动成长、家校的沟通交流、学校的前进脚步进行定格，留住精彩，留存记忆。在新媒体发展的时代，"海量信息""快阅读"让人们变得浮躁，纸媒还有多少人关注，校报还有没有价值？经过团队论证，做好微信快捷宣传的同时，还是要办好自己的报纸。

征集建议的过程实际是统一思想的过程，讨论研究的过程实际是自觉认同的过程。校报的名称选定，我们采取了面向所有学生、家长和教师征集的方式，圣小校报、圣贤校报、家校之声、连心桥等名称成了大家的共识，最终我们把校报定名为《心桥报》。

心桥就是家校的连心桥，师生的连心桥，成长的连心桥。我们期盼这份小小的报纸把学生、教师、家长、学校、社会联结起来，心连心，手牵手，搭建教育的共同体。因为好的教育一定是家庭教育、学校教育和社会教育相结合的教育。

让文化创意公司精心设计了几个样式的报头题字，工整、规范的电脑字体却怎么也入不了我们的"法眼"。学校的校名是由学生题写的，校风"诚信、明礼、博学、笃行"和校训"每天做更好的自己"等楼顶上的发光字，也是由学生题写的。看上去虽然稚嫩了点，却成为学校的风景。还是由我们的学生来题写报头，也正是这个决定，才有了公交车上的偶遇，才有了一路关于学生和学校成长的畅聊。

面向全校征集报头题字，爱好书法的学生大显身手。经过几轮筛选，蒋明峰题写的"心桥报"三个字被选中，因此我们的校报采用了"蒋明峰体"。这一举动，给学生推出了一个校园榜样，造就了一个校园明星，成就了一个学生的成长梦想。

我想，如果我们创设机会，搭建成长与展示的舞台，让每一个学生找到自己的成长点和发光点，每个学生成为某一方面的校园明星，校园明星云集了，学校不就成为明星学校了嘛。

负责宣传的王建军主任与其他编委一起用心工作，《心桥报》成了家长和学生的必读。学校的体育节、艺术节、经典诵读、研学旅行等活动的精彩瞬间被定格；自编的节目《映山红》在山东电视台演出，戏剧《草船借箭》在中小学校园戏剧节获奖，《穿越唐宋》登上北京大舞台，师生团两次受邀到北京展示，师生的灵动成长被定格；学本课堂、全息课程、圣贤教育的体会、感悟，学生、教师和家长们的新锐观点被定格。

《心桥报》成了每年学校亮点工作展示的舞台。2019年1月学校把《心桥报》并入寿光日报小记者周刊，把2018年的工作亮点用整版全景式展示：第一届省级文明校园、省基础教育成果奖、崇圣向党品牌打造、学本课堂特色推进、师生素养全面提升、艺体教育结出硕果、幼儿园三心教育彰显成效等，师生、家长们所有的付出与成绩成为永久的定格和记忆。

《心桥报》还成了学校担当作为、实干奋进的号角。在2017年的首刊上，我写下了这样的刊首寄语：2017年，我们团队会在"学本课堂、全息课程、圣贤教育"顶层设计的引领下，不忘"成长学生、发展教师、成就学校"的初心，肩负立德树人的使命，扎实推进学本课堂，深入实践全息课程，全面打造圣贤教育。学本课堂由"入格"走向"出格"，实现深度学习；全息课程由"零散"走向"系统"，实现全面发展；圣贤教育由"单一"走向"融合"，实现立德树人。再完美的规划不执行，再完善的方案不落地，都将是一纸空文。2017，我们团队将秉承"每天做更好的自己"的校训，一起努力追梦前行！

那一年，我们的师生团两次受邀到北京进行学本课堂展示，打工子弟登上了北京舞台；那一年，我们的全息课程获得潍坊市教育教学重大问题研究一等奖；那一年，我们的圣贤教育在寿光市优秀传统文化传承与发展会议上推介。

那一年，我们过得很充实，走得很坚定！

每一次家校联谊暨家长课程培训会上，家长们手中总有一份《心桥报》。《心桥报》推开了家长了解学校的窗户，成了家校沟通的桥梁。在一次家校联谊暨家长课程培训会结束后，我站在教学楼门厅，一位家长手拿《心桥报》从我身边经过，热情地跟我打招呼，然后说道："咱们学校办的心桥报，每一份我都存着呢。"有这么有心家长，相信家庭教育一定是成功的。

📖 践谈

教育从来都不是单方面的事情，和家庭一直存在着密切的联系。我们选择和家长进行沟通，就是选择了提高学生的素质。从这个意义上说，沟通的意义不可估量，特别是用心沟通，它就是一座桥梁，把学校和家庭紧紧联系在一起，把教师和家长紧紧联系在一起。我们的经验显示，沟通得越好，学生越优秀，我们的教育越轻松。我们会想更多的办法，让学校和家庭之间的沟通更加紧密，给学生一个光明的前途。

第六篇　家校故事背后的思考

"阶段家长"和"终身老师"

师语

　　德国教育家第斯多惠说过："教育的艺术不仅在于传授本领，更要的是善于激励，唤醒和鼓舞。"家长是孩子的第一任老师，也是孩子终身的老师，所以家长的教育对孩子的成长至关重要，特别是孩子的儿童少年时代。孩子是家长的一面镜子说的就是这个道理，但这么重要的问题却被很多家长所忽视。作为父母要把"家"当作孩子健康成长的原动力，要从家庭生活的点滴细节中发掘孩子的天赋，并适时引导，这才是成就孩子的教育之道。

　　"三年级一个叫彭佳亮的学生，上课时跟老师请假说去卫生间方便，结果把卫生间的水管弄坏了，水流了一地，都漫到走廊上了……"我在转课的过程中遇到袁学明校长，他说要调查一下这个学生的情况。

　　"那个损坏水管的学生，我去找班主任了解了：各项习惯都不好，经常欺负同学，上课不学习，成绩不理想，班主任很头痛，想与家长多沟通，可家长总是借口没时间，一直不与老师交流……"傍晚，与袁校长拼车一起回家的路上，我俩又聊起了彭佳亮。

　　家庭就像一台复印机，家长是原件，孩子只是复印件。每一个问题学生的背后，可能会有一个问题家长，也可能会有一个问题家庭。要解决孩子的问题，必须从原生家庭入手。于是，我决定约家长聊聊。

　　拨通了彭佳亮妈妈的电话，听得出她很忙。"我知道你们很忙，但孩子的成长问题更重要，请你挤个时间，与孩子爸爸来一趟学校，我随时都等候……"可能听出了我柔中带刚，也可能是知道孩子问题的严重。当天下午，彭佳亮的爸爸妈妈就来了我的办公室。

彭佳亮的爸妈先是争先诉苦，从生活的艰辛，到打工的不易，再到孩子教育的无奈。我压着性子耐心倾听。

"孩子从小就淘气，我也打过也骂过，就是没有效果。我有时跑外地，很长时间不在家。回家就与朋友聚聚喝点酒，当然都是为了生意。"爸爸无奈地摊着双手。

"校长，可能是我理念的问题，我对孩子太惯了，总觉得孩子长大了就会懂事的，总觉得孩子在学校有老师的教育应该没有问题。学习从一年级就吃力，我们也认了……"妈妈像是在说着别人家的孩子。

"我们学校的老师就像对待自己的孩子一样对待学生，在学校也充当起了家长的角色，可你们试想一下，每一位班主任或老师，只是教育、陪伴孩子几年，可以说是孩子的'阶段家长'。你们不行，从孩子一出生，你们就是第一任老师，我们做老师的能退休，可做父母的是孩子的'终身老师'，没有退休的那一天呀！"我非常严肃地说，也不管他们能不能接受。"一个家庭的成功最终是看孩子的成功，孩子不成人成才，你们赚那么多钱有多大用处，难道希望孩子长大后成为啃老族或者成为一个依靠父母的巨婴吗？"

教师是"阶段家长"，家长是"终身老师"。这句话可能戳到了他们痛处，彭佳亮的妈妈的眼泪下来了，他爸爸也低头久久没有答话。

后面的交流就顺畅多了，他们答应不管多忙，先抽出时间来陪孩子，多学习一些教育孩子的理念和方法，多与孩子沟通交流。我也给了他们一些建议，如在家中建好书房，让孩子随时随地都有喜欢读的书，周末陪孩子多去书店；想办法制定一些家人共同遵守的规则，少看电视，不玩电脑或手机游戏；积极主动与班主任、任课教师沟通；更重要的是给孩子做出榜样，因为喊破嗓子不如做出样子。后来，他们说着感激的话离开了学校。

看来，只要我们真正站在家长的角度思考问题，真心实意地为孩子的发展着想，不管用什么口气，哪怕是偶尔"数落"一次家长，家长不但不会介意，还会从内心里感激我们。但是这样做的前提，一定是站在孩子和家长的立场上。

"染于苍则苍，染于黄则黄。"孩子就是一张白纸，家庭是画笔，能绘出五彩斑斓的画卷，也会画出乱七八糟的涂鸦。孟子的母亲三迁其家，最后居于学宫之旁，才让孟子有了大儒的学识与威望；岳飞的母亲在少时的岳飞背上刺写"精忠报国"，才有了岳武穆驾长车踏破贺兰山缺的报国志向。父母的无知教养，会养出"巨婴"，上大学而仍无法自理，不找工作专注啃老；父母的溺爱，可能会换来孩子精神的侏儒，家庭的失败；父母的辛苦付出，可能换来的是恩将仇报、不懂感恩的白眼狼。

习近平总书记在全国教育大会上指出，家庭是人生的第一所学校，家长是孩子的第一任老师，要给孩子讲好"人生第一课"，帮助扣好人生第一粒扣子。真正的教育，从来就不单单是学校的事情，更是家庭、学校和社会共同的责任。特别是家庭教育，发于童蒙、启于稚幼，是从孩子无意识时便潜移默化，深入其骨髓的，是真正性格养成、品性端正的根基，更需要认真对待、高度重视。

在新的时代，我们肩负着立德树人的使命，这就要求我们不仅要会教书，更要会育人。要完成立德树人的任务，就要把学校教育与家庭教育、社会教育结合起来。

于是，我们学校开办面向家长和社区的圣贤学堂，举办智慧父母大讲堂，开展书香家庭评选，大力弘扬家风家训。因为我们深知懂教育的父母，才会培养出有好习惯、好品格的孩子。因为我们深知父母是给孩子系上人生第一粒扣子的人。这粒扣子决定着后面所有扣子的方向、大小、铺排，甚至决定着孩子人生的高度与厚度。

"我发现佳亮变了，变得懂事了，见到我还会行礼问好了。可能是孩子长大一岁，也可能是家长注重教育了，看来所有的孩子都有成长的希望！"一年后的一天，我们拼车上班的路上，袁学明校长又跟我聊起了彭佳亮。

四年级的下学期，因为在东城买了新房子，彭佳亮转学了。我们期盼他在新的学校有新的进步，期盼他的爸爸妈妈时时记起"老师是阶段家长，家长是终身老师"，陪伴孩子一起健康快乐成长！

（为保护学生和家庭，文中的学生姓名为化名。）

📖 践谈

一个人从出生起，就在家庭这一特定的社会环境中生活、成长，所以家庭是儿童社会化的第一个场所，也是最重要的场所。都说父母是孩子的第一任老师，可这并不是说做了父母就自然拥有了"教育"的资格，而是说父母的一言一行，将潜移默化影响渐渐长大的孩子。筑牢家庭教育的第一道防线，家长在提高自身素质的同时，还要不断学习和掌握基础心理学、教育学知识，采取科学的教育方法，用正确的观点和方法关心教育子女，做到爱教结合，爱而有度。

陪伴是最好的礼物

（师语）

　　美国教育学家莎莉·路易斯在《唤醒孩子的才华》曾说："个人智商、社会条件、经济地位都不及一个更微妙的因素重要，那就是健康的孩子都经常与父母一起吃晚饭。"孩子的健康成长是件大事，但是伴随着成长，孩子会遇到很多问题，需要有人帮他，给他启迪，有父母的陪伴存在，孩子就会变得坚强，变得勇敢。

　　自从向所有家长公开了我的电子邮箱，每天早上第一件事就是查看邮件，这已成为我的工作习惯。

　　在很多场合，我曾跟亲朋好友和同事们说起圣城小学的家长们真得让人感动，学校的点滴进步离不开他们的支持与付出。

　　随时倾听家长的心声，第一时间解决家长的困惑，有些家校矛盾会迎刃而解。于是，在校门口的公示牌上有了我的个人电话和邮箱，在每一次家校联谊会上，我都会让所有家长朋友通过拍照的方式，留存好我的联系方式。

　　三年多来，几乎没有来自家长投诉的电话，电话大多为咨询孩子入校或者是为学校发展提出中肯建议，而且电话大都在上班时间。邮箱的主要信件是诉说与孩子沟通的困惑，还有很多的感谢信件。

　　今天早上，就收到了二年级六班韩佳岐妈妈的一封信：

韩校长：

　　您好！

　　我是二年级六班韩佳岐的妈妈，我叫张娅敏。首先道一声感谢！这句感谢，您和老师们当之无愧！

　　在一年级入校的家长会上，您给我们讲了"陪伴是给孩子最好的礼物"，希望家长们科学地陪伴孩子成长。在后来的家长会上，您又跟我们聊了"孩子没有责任感怎么办"和"孩子不知勤奋怎么办"等话题。说实话，我当时不以为然。因为我从小比较要强，工作也算上进，所以就认为儿子应该会像我一样，会是懂事的、自立的、上进的。可事与愿违，同事家的孩子学习是过河，我的儿子学习就像蹚露水！

　　这时，我才意识到您说的"陪伴是给孩子最好的礼物"这句话的分量，也想起您跟我们聊过的如何让孩子有责任心，如何去勤奋地做事。有一次回老家，我跟老母亲谈起孩子的成长，老母亲跟我讲："一个家庭真正的富有不是家缠万贯，而是有一个健康和优秀的孩子。你们不要光想着怎么挣钱，孩子成才是一辈子最值得骄傲的事儿！"这些话更惊醒了我。

　　于是，我先改变了自己，推掉了应酬。孩子在家做作业，我就在一旁陪伴着读书，有时我们娘俩一起读书。我与语文、数学两位老师经常用微信沟通。近期儿子的变化，让我内心暖暖的。他的成长，得益于这两位老师的用心指导！用老话说，领上正道了！

　　首先是儿子学习积极向上了，啥事也满不在乎的行为没有了。其次是学会对父母的关爱了，他爸爸有时不吃早餐，他会说："爸爸，不吃早饭对身体不好，饿了的话，肚子不舒服！"他还慢慢学会了节俭，家里的零钱他负责保管，纸箱子、空瓶子，他负责处理，收入所得我也不插手。零食也不买了，并且跟我说："吃零食对身体不好，我不买了，你和爸爸上班很累，挣钱不容易。"

　　感谢您，韩校长。儿子学习的校园文化气息如此浓厚，学校的教师团队如此优秀！希望我醒悟得不晚！我会继续努力向前，陪孩子一起成长！感恩我身边的良师益友！感恩我生命的每一位贵人！

张娅敏

我为佳岐的成长高兴，更为佳岐妈妈的醒悟欣慰。

爱自己的孩子是父母的本能。托尔斯泰说过："爱孩子是老母鸡都会做的事，关键是如何教育。"家庭教育是学校教育和社会教育的底色，而父母才是这底色最重要的绘画者。陪伴是最好的教育，陪伴是最深的爱，陪伴是最长情的告白。在孩子教育与成长过程中，没有什么比陪伴更重要的，一切理由在孩子成长面前都是借口。

在现实生活中，我们面对着很多的无奈，绝大多数父母的难题是没有时间，于是就出现了"缺位的父亲"。古语说"养不教，父之过"，父亲的缺位让孩子有了不安全感。一个家庭中缺位父亲的背后，必然有一个焦虑的母亲和失控的孩子。

当然，也有些父母选择了与"失陪"和"缺位"完全不同的做法。父母对孩子的教育诚惶诚恐，小心翼翼，母亲甚至做出辞职做全职太太的"牺牲"决定，给孩子完全的照顾，以为这就是最好的陪伴。

我曾与同事、家长们探讨过什么是真正意义上的陪伴孩子。我们认为陪伴不等于说教，陪伴不等于看管，陪伴不等于满足，陪伴甚至不等于陪同。陪伴孩子成长，首先要走进孩子的内心，体验感知孩子，让孩子感受到你是他（她）的"知己"，他可以与你无话不说。换句话说，陪伴要让孩子感到特别舒心才行。

烦人的说教不是陪伴。很多父母跟孩子在一起，不断给孩子讲各种道理，说自己的辛苦，说自己做的都是对的，以为这样能激发孩子的积极状态，却不知被"内疚和负罪感"培养长大的孩子会产生自我否定。类似这样烦人说教的陪伴还不如让孩子自己安静一会儿。

全程的看管不是陪伴。我们经常见到一些年轻的父母，总是提心吊胆，选择全程看护。这也不行，那也不可，怕孩子走弯路。这样的陪伴，充其量是保姆式的照顾，不是真正的陪伴。

物质的满足不是陪伴。很多父母为了弥补忽略孩子的内疚，就用豪爽地花钱代替陪伴，不管孩子是否需要，都买给他。这样能让自己内心平衡，但却无法填补孩子内心的空虚。

无心的陪同不是陪伴。我们也经常看到孩子在哪，父母的身影就在哪。可是仔细观察，却是各自想自己的心事，各自做自己的事情，大人好像没听见孩子的说话，没有看见孩子在做啥，更没心情体验陪伴孩子的快乐，这样的无心陪同也不算陪伴。

最好的老师是父母，最好的教育就是陪伴。父母与其焦虑"起跑线"，少看会儿手机，少一点应酬，多陪陪孩子。相信父母能给孩子的，辅导班给不了，教师给不了，老人和保姆也给不了，因为父母的用心陪伴是给孩子最好的礼物！

📖 践谈

家长认为把孩子交给学校，让教师去教育，回到家孩子有什么不对的地方就觉得是教师教得不正确。其实孩子最早的老师是父母自己，家长对于教育孩子比在学校要重要很多，父母的教育会影响孩子的一生。孩子的性格和习惯，都和父母在日常生活中的教育息息相关，所以家长要抽出时间来和孩子相处，让孩子在成长的过程中充满爸爸妈妈的爱，让孩子健康快乐地成长。

第六篇　家校故事背后的思考

聊天中碰撞出的教育智慧

师语

　　教育家蔡元培先生说："家庭者，人生最初之学校也。"家庭教育，是国民教育体系的重要组成部分，是社会和学校教育的基础、补充和延伸。家庭教育伴随人的一生，影响人的一生，对一个人的成长成才至关重要。清醒认识家庭教育的重要作用，对于我们每个人、每个家庭乃至整个社会都有着十分重要的意义。

　　一个周六下午，接到寿光市教体局刘福昌主任电话，说是邀请刚当选的家委会主任谈一下家庭教育的一些话题，我欣然前往。

　　刘福昌主任很有教育情怀，曾受邀参加山东卫视的《一封家书》栏目，我在看节目时感受到了他对家庭教育有很深的认识和见解。他为人谦虚低调，每次来校指导工作是总是谦虚地说："向你们一线校长学习，在基层才有学习资源。"

　　到场的只有我们三个人，另一个是洪华山会长，一个很有教育智慧的人，因其家庭教育的理念、教育大爱之心和公益举动，当选为寿光市家长委员会的第一任会长。

　　一个下午的畅聊，收获颇多，碰撞出许多教育火花。

　　我们从自己孩子的成长历程及成长故事入手，聊起了家庭教育。三个人在很多地方产生同鸣，达成共识，也可以说发现了一些规律，最后我们梳理出了三个关键词。

　　第一个关键词是榜样。家长是孩子的第一任老师，也是终身不能退休的老师。家长的言传身教、以身示范对孩子的习惯养成和品格形成起着至关重要的作用。俗话说："喊破嗓子不如做出样子。"一个特别孝敬老人的家长，不用对孩子说教，孩子从小就会种下"感恩父母"的种子。相反，一个整天喝酒赌博、不务正业的父亲，家中很难出现积极上进、酷爱阅读的孩子。

第二个关键词是尊重。从孩子的学业选择，到工作，再到生活，只是给予他们建议，把选择权交给了孩子，充分尊重孩子的选择。孩子是一个独一无二的个体，不会永远依附父母，除非要想把孩子变成依附父母的"巨婴"。做父母的实际上就只是一次又一次望着孩子远去的背影，所以尊重孩子的选择，尊重孩子自选的发展之路，应是我们家长该做的事情。有很多家长总觉得"我走过的桥比孩子走过的路还要长"。于是，就站在自己的角度，替孩子做决定，殊不知孩子走的路我们可能真的没有走过。

第三个关键词是伙伴。我们三人与孩子的关系可以说都是"伙伴关系"。是伙伴，就是用心陪伴，孩子就不会对我们设防；是伙伴，就要用心理解，就能走进孩子的内心世界；是伙伴，就是用心支持，就能做孩子前进的擂鼓手和喝彩者。父子或父女建立了伙伴关系，实际上就是建立一个和谐的家庭关系，因为母亲几乎总是站在孩子一边的，这样一个家庭就成了一个连心的小团队了。是伙伴关系，才能更好地陪伴孩子。

我们聊到家校合育的问题。我们三人有共同的认识：人们常说真正美好的关系是相互支持的，在家校关系中，最美好的三角关系就是——家长支持教师，教师支持孩子。换言之，家长支持教师等于支持自己的孩子。

洪华山会长的二宝在上幼儿园，他说去参加竞选会长，一是因为自己想做公益，想为教育做点实事，二是自己特别喜欢孩子，觉得这样是支持学校和教师，也就是支持孩子。

提到教育，几乎所有的人都会自然地想到学校。但是，教育的根到底在哪里呢？其实，教育的根不在学校，更不在社会辅导机构，教育的根就在家庭。换句话说，家是教育的根，家是培育孩子成长的土壤。

寿光市教体局高度重视家庭教育问题，成立了家庭教育科，组建了家庭教育研究会和家庭教育名师工作室，让全市所有家长都能分享家庭教育的智慧。我觉得这是教育的幸事，也是落实立德树人根本任务的必由之路。

我们三个男人又聊到作为父亲的角色，在家庭教育中的一些琐事。我记起了读过的法国哲学家丹尼·马尔盖写的一本《父亲》。在书中，他写道，以自己的经历证明，男人成为父亲绝非顺理成章。为了当父亲，男人开始像母亲一样照顾孩子。父亲看起来只是母亲的模仿者，一个声音粗一些、动作笨一点儿的"助理母亲"。父亲只是这样一个角色吗？在《动物行为字典》里，找不到"父亲"这个词。没有什么好惊讶的：动物没有父亲。但父亲是什么？"父亲是个什么概念，只有一个人最有发言权，那就是孩子。"

父亲是怎样的一种存在？父亲的角色对孩子的成长来说是非常重要的，母亲对孩子的影响主要是孩子能否成为一个独立的人，而父亲则是塑造孩子对生命的看法，关系到人格的形成。美国著名心理学家詹姆斯·杜布森指出："让一个孩子和一个合适的男人在一起，这个孩子永远不会走上邪路。"同样作为孩子生命中的"重要他人"，一句肯定的话，父亲说出来对孩子的影响力大于母亲。

暖意融融的小茶馆里，在品茶聊天、沟通家校合育之余，我竟还有了意外的收获。

洪华山会长讲到他们的大家族特别注重生日、节日礼仪，说了自己的一些感人做法。我就把学校每个月给教师过集体生日、给教师送祝福的活动进行了分享。然后，又把教师给学生送生日祝福和学生给家长送生日祝福的想法说了出来。洪会长大加赞赏，觉得是很好的创意和做法。"学校给老师送生日祝福，老师给学生送生日祝福，学生给家长送生日祝福，这样的生日仪式，是一个幸福链条，会把老师、学生和家长这个三角关系沟通好，这样的话，家长满意度不高都不可能！"刘福昌主任高兴地总结。于是，我们开启了这条幸福链的密码。

随后我们聊到文明城市创建工作，刘福昌主任讲了在创城中遇到的一些感人的事迹以及相关的文明城市创建的评估细则，他建议把这些做成校本教材，让文明创建走进课堂、走进头脑、走进每一名师生的心中，加强自我修养，做有文化的人。作家梁晓声对文化有一个很好的诠释——文化是根植于内心的修养，是无须提醒的自觉，是以约束为前提的自由，是为他人着想的善良。接下来，就有了与圣城中学合作，成立《文明素养读本》编写组，一起为全市的中小学生开发文明素养校本教材的行动。

三个人，三杯茶，三个小时，聊不完的话题，这样的生活和工作方式我喜欢，更喜欢言语间碰撞出的教育智慧的火花。

践 谈

"橘生淮南则为橘，橘生淮北则为枳"，这是水土、气候、环境所起的作用。孩子天真而好奇，接受新环境，新事物的能力很强。孟母深知环境对人所起的巨大作用，所以她择邻三迁，费尽心机。孟子能够成为伟大的思想家，与孟母的修养和培养是分开的。每一个父母都希望自己的孩子有出息，能够出人头地，但首先得从提升自身素质和修养开始。父母希望孩子做什么，最好还是少说话，多做个好样子给他们看看。要知道：身教永远胜于言传。

第六篇 家校故事背后的思考

常怀感恩之心　做有故事的人

在寿光市圣城小学五年多的校长任职过程中，遇到过各种各样的困惑、困难和挫折，但庆幸的是，我遇到了一群敬业奉献的好教师，遇到了一批批活泼可爱的学生，遇到了关心支持学校的家长，遇到了厚爱学校发展的领导。是他们成全了我的教育梦，成全了学校的发展愿景。

我曾听一位专家在报告中讲：理想的学校是有温度、有色彩、有故事的学校。在这几年的办学实践中，我有了更加深刻的认识，那就是学校会变化、人会变化，而在记忆中，唯有那时那刻的故事会永久深留在脑海中。我想，这就是学校的财富、发展的足迹。

这几年，寿光市圣城小学取得了点滴成绩，也吸引了众多媒体的关注，《中国教育报》、《中国教师报》、中国教育电视台、山东教育电视台等媒体记者多次来校，用第三方的视角审视、记录学校的变化和发展。我在与记者的交谈中，讲得最多的不是办学理念、创新举措，而是发生在同事之间、学生之间、师生之间、家校之间的一个个故事，有时也只是一个个场景。

记者听完后说："韩校长，你真是一个会讲故事的校长！"我笑着对记者说："我不是会讲故事的人，我只是把学生、老师、家长当成了亲人，他们的事自然会记忆深刻。"因为我始终认为，一个能讲好学校故事的校长，一定是对学生、教师、家长有感情的校长，也一定能把学校办成有温度、有色彩的学校！

教育部课程教材发展中心特聘专家、武汉大学高兰生教授曾说："好的教育，一定要有好的故事；好的老师，一定要能给学生留下好的故事。"

感恩家长们，让我有了与他们用心沟通，帮助孩子们健康成长的故事；

感恩孩子们，让我有了与他们倾心交流，见证他们快乐成长的故事；

感恩老师们，让我有了与大家共行过程，发生在课程、课堂和管理中的故事；

感恩领导们的信任，让我有了付出热情、静心思考、努力践行的教育故事；

感恩伟大的祖国，让我有了在和平、安定的新时代，在平凡的教育岗位享受教育的幸福；

感恩所有帮助过我们的人，让我的工作、学习和生活更精彩！

我和我的团队都有一个"教育梦"，就是培养德智体美劳全面发展的社会主义建设者和接班人；我和我的团队都有一个"成才梦"，就是让每一个孩子都能健康成长、人生出彩；我和我的团队都有一个"事业梦"，就是做一名爱生如子、爱岗敬业、爱校如家的人民教师。

有梦想就有目标，有目标就有方向，有方向就有力量。让我们拥抱教育的新时代，为了孩子、家庭、社会、国家的希望，一起重整行装再出发！

后记